재무기록물관리

Managing Financial Records

김명훈 역 │ 한국국가기록연구원 감수

돌심 출판 진리탐구

● 발간사

지금으로부터 5년 전 한국국가기록연구원이 출범하였다. 지난 시간을 회고해보면 아쉬움
도 있고 또 앞으로 해야 할 일도 산적해 있다. 그러나 한편으로는 나름대로의 뿌듯함을 느끼
기도 한다. 시민기록문화전, 기록문화 시민강좌 개설, 심포지엄, 기록문화상 제정, 한국기록
학회 조직, 월례발표회, 한국기록관리학교육원 개원 등등, 모두가 우리의 기록문화 발전에
초석이 될 것임은 분명하다.

연구원의 출범과도 무관치 않지만 우리의 기록문화에 또 하나의 이정표라고 할 수 있는
것은 기록물관리법령의 제정이다. 법령의 제정으로 이제 우리도 근대적 기록관리체제에 들
어갔다고 말할 수 있게 되었다. 그러나 법령의 제정이 바로 실시로 이어지지는 않는다. 죽어
있는 법령이 얼마나 많은가. 새로운 법령이 제정되면 이에는 크고 작은 '저항과 편승'이 있
기 마련이다. 새로운 기록관리법령에 대한 '저항'은 현재 법령상 존재해야할 자료관의 설치
실태만을 보아도 잘 알 수 있다. 새로운 법령에는 공공기록물은 전문가(기록관리전문요원,
아키비스트)가 관리하게 되어 있고 이들 전문가의 자격 요건도 규정되어 있다. 이에 몇 년도
안된 사이에 많은 대학에서 기록관리학 대학원과정이 신설되었다. 물론 모두가 기록관리분
야 전반을 위해서는 발전적인 변화이다. 그러나 그 내실을 보면, 즉 교수, 교재, 참고도서,
실습실 등의 면에서 보면 부실하기 짝이 없는 경우도 있다. 이는 새로운 법령에 대한 '편승'
이라고 할 수 있다.

그러나 '저항과 편승'을 탓하고만 있을 수는 없다. 사실 '저항과 편승'의 가장 큰 원인은
기록관리에 대한 이해의 부족일 것이다. 이를 위해 연구원은 과감히 ICA 총서시리즈를 번역
하기로 결정하였다. 단순한 번역은 아니다. 권수로도 30권이 넘는다. 양도 양이거니와 여러
사람이 나누어 번역할 수밖에 없기에 통일성을 기하기가 무척 어려우리라 예상된다. 그럼에
도 불구하고 한국 기록관리학의 기초를 놓는다는 심정으로 번역을 시작하였다.

본 총서시리즈는 국제기록관리재단(International Records Management Trust)과 ICA에서 공동
으로 추진한 결과물로, 국제적으로 널리 이용될 수 있는 최선의 기록관리 업무 방식 도출을
목적으로 하였다. 또한 기록관리 전문가 외에도 체계적으로 기록학에 접근하지 못했던 사람
들에게 학습모듈을 제공하려는 의도에서 만들어졌다. 이 때문에 기록관리시스템이 불충분

하거나 적절한 기록관리 교재와 교육인프라가 결핍된 국가에게는 유용한 교재가 될 것이다.

기록관리 분야의 실무와 학문이 발전일로에 있는 우리 나라에서도 이 교재의 보급이 시급함은 물론이다. 앞으로 이 학습교재가 공공부문의 기록관리전문가를 위해서 뿐만 아니라 민간부문에서도, 그리고 아키비스트의 업무능력과 전문성을 높이는 데에서도 널리 활용되기를 바란다.

본인은 2000년 9월, 연구원을 대표하여 스페인 세빌리아에서 개최된 ICA총회에 참석하였다. 회의 규모의 크기에도 놀랐지만 개최국의 선진적 기록관리 및 보존에도 놀랐다. 아시아에서는 유일하게 1996년 중국의 북경에서 개최되었다고 하니 중국의 문화적 깊이를 보여주는 듯하다. 한국의 서울에서 ICA총회가 열릴 기록관리 선진국을 기대하며, 본 역서가 그런 기대에 일조하기를 바라마지 않는다.

본 역서를 내면서 감사드려야 할 분들이 있다. 먼저 한국국가기록연구원의 참뜻을 이해하여 저작권에 대한 비용을 과감히 포기해준 ICA 관계자 여러분들에게 감사의 뜻을 표하고자 한다. 또 상업성을 떠나 선뜻 출판을 맡아주신 진리탐구의 조현수 사장님 및 편집부 일동에게 진심으로 감사드린다. 마지막으로 그다지 좋지 못한 조건에도 불구하고 번역을 흔쾌히 맡아주신 번역자 여러분들에게 깊은 감사를 드린다.

김학준(한국국가기록연구원 원장)

김학준

● 역자 서문

　최근들어 재무관리는 재원의 관리 차원을 넘어, 활용상의 효용성을 창출하는 일련의 활동으로 새롭게 재해석되고 있다. 한 국가의 통치행위는 다양한 정책들을 통해 구체화되며, 정책을 현실화하기 위해서는 재원의 투입이 수반되기 마련이다. 이러힌 재원을 담당히는 재무관리는 국가의 효율적 경영을 위한 초석이 되며, 정책에 대한 책임성 및 투명성을 확보하는 근본 토대라 할 수 있다.

　재무기록물관리는 바로 이와같은 재무관리의 올바른 수행을 담보하는 중추적 역할을 담당한다. 각종 회계 및 예산, 결산자료 등의 재무기록에 대한 체계적인 관리는 국가재원 활용상의 효용성을 창출케 하는 기초정보를 제공해 줄 뿐만 아니라, 감사상의 증거자료를 남김으로써 책임성 및 투명성을 고취시켜준다. 기록학의 대부라 할 수 있는 미국의 쉘렌버그 역시 기록물의 가치범주 가운데 하나로 '재무적 가치'를 꼽았듯이, 재무기록은 현재 및 미래의 활용을 위해, 또한 과거와 현재의 연결을 위해 전문적으로 관리되어야 할 중요성을 지닌다고 볼 수 있다. 특히 지난 IMF사태부터 최근의 정치자금 비리까지 재무영역에 관련된 각종 사건들이 끊임없이 일어나고 있는 현실을 감안할 때, 재무기록에 대한 체계적인 관리는 우리 사회의 시급한 당면과제중 하나라고 할 수 있다.

　이번에 번역된 『Managing Financial Records』(London : ICA, IRMT, 1999)는 재무기록관리의 원리 및 방법론을 전문적으로 소개한, MPSR시리즈중의 고급 모듈 가운데 하나이다. 본서에서는 '기능분석'에 기초한 관리방법론을 재무기록관리의 출발점으로 삼고 있다. 재무분야는 다자간의 연계관계 속에 업무가 수행되는 특징을 지닌다. 기록물의 생산 및 유통절차는 조직적 위계구조를 바탕으로 일원적으로 행해지는 것이 아닌, 다양한 기관간의 다원적 구도 속에 동태적이며 변화무쌍한 양상을 지니게 된다. 이는 곧 단일 출처를 기반으로 하는 종래의 기록관리 방식은 원칙 그대로 적용될 수 없음을 의미한다. 이를 위해 본서에서는 재무관리의 업무영역을 크게 10개의 범주로 구분한 후, 각 업무영역에서 수행되는 기능(function) 및 절차(process) 분석을 재무기록관리의 선결과제로 삼고 있다.

　이러한 기능, 절차와 연관된 이해당사자(stakeholder) 및 관련기록물 분석 역시 재무기록관리의 기초로 간주하고 있다. 다양한 기관을 넘나드는 재무업무의 특성상 일정 기능 및 절차에 관계하는 이해당사자의 파악은, 기록물 유통구조 및 레코드키핑상의 책임소재를 식별하는 전제조건이라 할 수 있다. 아울러 다원적 역학구도 속에 '투입요소' 및 '산출결과'로 귀결되는 관련기록물에 대한 분석은, 업무상의 증거 및 책임성의 표상으로서의 생산기록물을 포착·관리하는 근간이 된다. 본서에서는 이와같은 '기능·절차─이해당사자─관련기록물'의 삼각구도 속에 재무기록관리의 원리 및 방법론을 서술해 가고 있다.

본서에서 강조하고 있는 또하나의 중요 사안은 전자기록물의 관리방안이다. 일반적으로 재무관리 분야는 업무전산화의 0순위 대상으로, 막대한 양의 전자기록물 생산을 특징으로 하게 된다. 이러한 관계상 전문적인 관리조치가 행해지기 전에는 재무기록의 생산맥락 파악이 어려우며, 변조·삭제·은멸 등 불법적 행위 또한 만연되기 쉽다. 이와같은 상황에서 기록관리자는 재무기록의 진위성을 보호할 수 있는 최선의 방안을 강구해야 하며, 아울러 전자기록물이 생산된 맥락의 포착을 통해 업무상 증거로서의 가치를 극대화시킬 사명을 부여받게 된다. 이를 위해서는 철저한 업무분석을 통해 전자적 형태로 생산되는 재무기록의 생산맥락을 포착함과 더불어 전산시스템 설계에 기록관리자가 적극적으로 개입해야 하며, 나아가 재무관리담당자─시스템설계자─기록관리자 3자간의 긴밀한 협력관계가 구축되어야 함을 본서에서는 강력히 주장하고 있다.

현재 우리나라는 물론 전세계적으로도 재무기록을 주제로 한 연구성과는 극히 미진한 실정이다. 이는 재무관리 영역에 기록관리자가 배제되는 일반적 풍토에서도 그 이유를 찾을 수 있겠지만, 기록관리자 역시 전문적이면서도 난해한 재무관리 분야에 대한 분석을 소홀히 한 책임 역시 면할 수는 없을 것이다. 이러한 상황을 감안할 때, 본서는 재무기록관리 방면의 이론서로서 뿐만 아니라 실무지침서로서도 충분히 활용될 수 있음을 역자는 믿어 의심치 않는다.

이번 번역서가 나오기까지 어느덧 1년의 세월이 지났다. 의욕적으로 출발한지 얼마 지나지 않아 초역을 그런대로 끝마쳤지만, 수 차례에 이르는 교정작업이 순조롭지 않은 탓 때문이었다. 특히 문외한으로서 이번 번역을 위해 재무 및 회계분야의 학습에 많은 시간을 할애하였지만, 본서의 전문적인 내용을 충분히 숙지하는 데에는 역부족이었음을 밝혀야 할 것 같다. 독자들의 너그러운 이해를 바랄 뿐이다.

미진한 초역을 '자식 보살피듯' 꼼꼼히 감수해주신 김영애 선생님께 진심으로 감사드리며, 아무쪼록 본 번역서가 재무기록관리 방면의 연구 및 실무에 도움이 되었으면 하는 바램이다.

2003년 10월 22일

김 명 훈 씀

차례

표

『재무기록물관리』소개

재무기록물관리에 대한 전반적 내용을 소개하는 본 모듈의 목적은,

- 공공분야의 재무관리 및 경제정책 개발 등에 실질적 기초자료로 활용되는 재무기록에 대한 관리상의 기본 골격을 제시하며,
- 기록관리자 뿐만 아니라 회계 내지 감사담당자 등 직접 기록관리를 담당치는 않는 자들에게도, 공적 책임성 및 올바른 업무수행을 진작시킬 수 있는 재무기록관리에 대한 기본 지식을 제공토록 하는 것이다.
- 아울러 재무 업무와 관련된 정책입안자나 기타 행정직원들에게도 효율적인 재무기록 관리의 필요성 및 중요성을 일깨우는 것 또한 본 모듈의 주요 목적 중 하나이다.

본 모듈은 공공분야의 재무기록, 특히 중앙 정부기관에서 생산된 기록물에 초점을 맞추어 그 관리방식을 개관하였다. 하지만 본 모듈의 논의사항들은 지방기관에도 적용이 가능하며, 나아가 준공공기관 및 민간단체 등에도 응용될 수 있다.

전통적으로 재무기록은 기록관리자들의 업무영역에서 배제되어 왔다. 현재에도 재무기록 관리는 회계담당자들의 몫이라는 인식이 만연되어 있다. 그러나 이들은 기록관리에 대한 전문 지식을 지니고 있지 않다. 필요로 하는 정보가 무엇이며 왜 필요로 하는지는 알고 있지만, 이러한 정보들을 어떻게 관리해야 하는지에 대해서는 문외한인 경우가 보통이다. 이와 같은 상황 속에서 재무기록은 기록관리자에게도 또한 회계담당자에게도 방치되어 왔다. 이러한 문제는 재무분야의 전 영역에 만연되어 있다.

재무기록관리는 공공예산의 운용 및 그 과정상의 책임성 내지 투명성을 확보할 수 있는 국가의 능력을 좌우한다. 기록관리자는 이러한 재무기록관리의 주역이 되어야 할 당위성이 존재한다. 이에 본 모듈에서는 재무기록관리에 연관된 주요 기능 및 업무내역을 이해시키는 데 모든 주안점을 두었다.

본 모듈에서는 일부러 재무관리에 관련된 방대한 양의 실제 자료들을 첨부시켰다. 또한 재무관리의 업무기능 및 절차, 과정 등에 대해서도 심도있게 살펴보았다. 재무기록은 이러

한 범주를 바탕으로 분석될 것이다.

　재무 분야에 관한 전문지식 및 정보를 본문 중에 첨부시킨 것은 두가지 이유에서였다. 우선 대부분의 국가에서 기록관리자들은 재무영역에 관련된 이러한 정보를 얻기가 용이치 않으며, 또한 이 분야에 대한 전문지식 없이는 재무기록관리에 한계를 지닐 수 밖에 없기 때문이다. 둘째로 재무시스템은 너무 복잡하고 난해하여, 이러한 시스템을 통해 생산된 기록물을 효율적으로 통제하는 관리방식을 쉽게 설명하기가 어렵다. 차라리 재무시스템 자체에 대한 분석 및 전문지식을 제시한 다음, 이를 바탕으로 기록관리 원리에 적용토록 하는 것이 보다 효율적인 방법이라 사료되었다.

　본 모듈에서는 본 교육프로그램의 다른 모듈처럼 일반적인 기록관리 원리에 대해서는 많은 부분을 할애하여 설명치 않았다. 하지만 재무기록과 관련된 부분에 대해서는 좀 더 심도 있는 논의를 전개하였음을 밝혀둔다.

　아래에서는 본 모듈의 학습전 우선적으로 이해해야 할 핵심 개념들을 정의하였다. 재무 분야에 관련된 기타 전문 용어에 대해서는 <부록 2>에 수록된 용어집을 참고하길 바란다.

재무관리*(Financial Management)* : 자산·부채관리, 수입·지출 예결산 및 감사 등을 포함하여, 다방면의 재무정책에 관련된 계획, 통제, 집행 및 감시하는 활동

기록관리*(Records Management)* : 특정 기관의 기록물에 대해, 전 생애주기에 걸쳐 생산, 관리, 활용, 처분상의 경제성 및 효율성을 창출하고, 아울러 기록물에 내재된 정보들을 그 기관의 필요에 맞게 가공하는 행정관리의 한 영역

책임성*(Accountability)* : 각종 법령, 정책, 목표 내지 요구되는 행위기준을 준수함으로써 달성되는, 재정적·기능적 책임 및 의무의 수행 요구

재무기록*(Financial Records)* : 재무관리와 연관된 업무수행 및 기타 활동과정을 통해 생산, 축적된 기록물

본격적인 학습에 들어가기에 앞서, 재무관리 및 기록관리는 역동적으로 변화하는 환경에 맞추어 그 세부적 관리방식이 변모한다는 점을 염두에 두어야 한다. 본 모듈에서는 재무기록관리에 대한 가장 일반화된 원리를 소개하였지만, 그 구체적인 관리기법은 시간의 흐름에 따라 변모할 것이며 각 나라마다 상이할 수도 있을 것이다.

본 모듈은 기록관리의 고급 단계에 속한다. 따라서 본 내용의 이해를 위해서는 기록관리에 대한 실무경험 및 기본지식이 밑바탕되어야 한다. 본 모듈의 학습자들은 시작에 앞서 진지하게 정독하는 자세를 견지해야 할 것이며, 본 교육프로그램에 수록된 기타 내용들을 충분히 숙지토록 해야 할 것이다.

이 모듈은 모두 7개 과로 구성되어 있다.
> 1과 : 재무관리를 위한 레코드키핑(Recordkeeping)의 중요성
> 2과 : 이해당사자(Stakeholder)
> 3과 : 재무관리시스템 : 업무기능, 절차 및 산출결과
> 4과 : 재무관리 기능 : 정보시스템 및 기록물
> 5과 : 복합된 종이·전자적 환경하에서의 재무기록물관리
> 6과 : 통합재무관리시스템
> 7과 : 다음은 무엇을 할 것인가?

목표 및 성과

학습목표

본 모듈은 다음과 같은 7개 영역의 주요 목표를 지닌다.
1. 효율적인 재무기록관리의 수행에 수반되는 레코드키핑의 중요성을 이해시킨다.
2. 재무기록관리상의 이해당사자들이 지닌 중요성 및 그 역할을 개관한다.
3. 재무관리의 기능 및 절차를 생산기록물과 관련하여 설명한다.
4. 재무관리를 통해 생산된 기록물 및 정보시스템에 대해 분석한다.
5. 복합된 종이·전자적 환경하에서의 재무기록관리 방안을 검토한다.
6. 통합재무관리시스템에 내재되어 있는 개념 및 원리들을 소개한다.
7. 보다 나는 정보 창출을 위해 나아가야 할 방향을 제시한다.

학습효과

본 모듈의 완독을 통해 다음과 같은 지식을 배양할 수 있도록 한다.

1. 효율적인 재무관리를 수행하기 위한 레코드키핑의 중요성을 이해할 수 있다.
2. 재무기록관리상의 이해당사자들이 지닌 중요성 및 그 역할을 파악할 수 있다.
3. 생산기록물과 관련된 재무관리의 기능 및 절차를 개관할 수 있다.
4. 재무관리를 통해 생산된 기록물 및 정보체계에 대해 이해할 수 있다.
5. 복합된 종이·전자적 환경 속에서 재무기록을 관리하기 위한 방안을 모색할 수 있다.
6. 통합재무관리시스템에 내재된 기본 개념 및 원리들을 이해할 수 있다.
7. 보다 나은 정보 창출을 위해 나아가야 할 방향을 가늠할 수 있다.

학습방식

7개 과로 구성된 본 모듈의 학습을 위해서는 총 95시간을 투자해야 한다. 각 과별 학습에 할당해야 할 시간은 아래와 같다.

> 1과 : 10시간
> 2과 : 10시간
> 3과 : 12시간
> 4과 : 20시간
> 5과 : 20시간
> 6과 : 15시간
> 7과 : 8시간

여기에 제시된 시간들은 본 모듈의 정독시간과 함께 각 과의 말미에 첨부된 학습과제를 탐구하는 시간이 합산된 것이다.

각 과의 말미에는 각 과별 주요 요점을 정리하였다. 본 모듈의 학습에 도움이 되는 참고자료에 대해서는 7과에 별도로 제시토록 한다. 각 과의 본문 및 본 시리즈의 용어집에서 정의한 개념들 외에, 재무분야와 관련된 전문 용어들에 대해서는 <부록 2>에서 별도로 수록하였다.

본문 중에는 각 과의 내용을 재숙고해 볼 수 있도록 하기 위해 연습문제를 마련해 놓았다.

이것은 스스로의 이해 증진을 목적으로 한 것으로 따라서 정답은 있을 수 없으며, 차후의 연구 및 실제 업무환경에 적용할 수 있도록 고안된 것이다. 기록관리에 현직을 두지 않은 독자라면, 가능한의 가정적 상황들을 유추하면서 이를 해결토록 하는 것이 좋을 듯싶다. 연습문제에서 간략한 기술을 요구한다면 핵심만을 요약하여 작성해 보도록 하자. 이는 평점이나 점수 환산을 위한 것이 아니므로 그저 배운 것을 이해하는 수준에서 작성하면 된다. 각 과의 모든 연습문제에 대한 나름의 답을 작성한 후 함께 묶어 소책자 내지 파일로 만들면 좋을 듯싶다. 그런 후 이번 모듈 및 본 교육프로그램상의 다른 모듈들을 참조하면서 이러한 답들을 검토해 보는 것도 좋은 학습 방안이 될 수 있을 것이다.

각 과의 끝부분에는 요약에 이어 본문의 내용들을 복습할 수 있도록 학습과제를 만들어 보았다. 이 역시 점수를 매기거나 평점을 책정하기 위한 것이 아니므로, 본문의 내용을 숙지하는데 필요한 만큼 완성하면 된다. 이 모듈이 평점을 매기는 훈련프로그램으로 이용될 경우라면, 시험 내지 과제와 같은 평가수단을 별도로 포함시켰을 것이다.

보충자료

본 모듈은 기록관리부서 내지 기록보존기관에 적을 두고 있거나, 재무기록을 다루어 본 독자들을 대상으로 쓴 것이다. 각 과에서 제시한 다양한 연습사항들은 실제의 업무경험을 본 모듈의 내용과 비교해 보는데 큰 도움을 줄 것이다. 혹 실무경험이 없는 독자라면, 가상의 상상력을 동원할 필요가 있다. 본 모듈에 제시된 원리 및 개념들을 기록학을 연구하는 동학들과 논의해 보는 것도 좋은 대안이 될 수 있을 것이다.

사례연구

본 교육프로그램의 『공공부문의 기록관리 : 사례연구』 (The Management of Public Sector Records : Case Studies) 편에 실린 다음의 사례는 본 모듈의 학습에 보다 풍부한 정보를 제공해 줄 것이다.

15: Pino Akotia, Ghana, "Management of Financial Records : The Ghana Case Study".

재무관리를 위한 레코드키핑 (Recordkeeping)의 중요성

1. 재무관리의 목적

재무관리는 수입·지출 및 자산·부채에 대한 회계와 감사 등 재무와 관련하여 계획, 통제, 집행, 감시하는 총체적 활동을 지칭한다. 여기에는 장단기 재정계획의 수립 및 기관사업을 지원하는 각종 정책 내지 전략수립 뿐만 아니라 매일 매일의 현금출납 활동도 포함되며, 나아가 자산의 운용 및 자금조달, 기타 관련사안에 대한 의사결정 행위 등 재무부문에 연관된 모든 활동들을 포괄한다고 볼 수 있다.

재무관리가 제대로 행해진다면, 기관의 종류 및 규모를 막론하고 해당기관의 성공을 보장한다. 공공분야의 경우, 회계부문에 대한 공적 감시활동은 책임 정부를 구현하게 하는 핵심 장치라 할 수 있다. 재무기록은 재무관리의 모든 영역에서 생산된다. 만일 이러한 기록들이 제대로 관리되지 않는다면, 재무관리 역시 원칙 그대로 수행될 수 없다. 이러한 점을 볼 때 재무관리는 기록관리 영역과 불가분의 관계를 형성한다고 볼 수 있다.

재무관리는 아래와 같은 측면에서 정부에 크게 기여하게 된다.

- 책임성
- 효율성
- 목적에 상응하는 재원의 확보
- 경세적 안정성

본 과에서는 위의 4가지 점들에 대해 개략적으로 설명코자 한다. 이어 재무관리에 대한 변화하는 시각들을 검토한 다음, 재무관리와 재무기록과의 상관관계를 분석할 예정이다. 이러한 분석은 결국 재무기록관리에 앞서 선행되어야 할 별도의 관리문제를 도출함과 아울러, 여기에 기록관리자의 개입이 행해져야 할 당위성을 선명히 부각시켜 줄 것이다.

책임성

책임성은 올바른 국정운영의 근간이라 할 수 있다. 정부의 행정수행 내역을 파악하고 평가할 수 있도록 하는 것은 바로 이러한 책임성에 연유한다. 재정적 책임성은 책임정부 구현의 핵심 요체이다. 여기에는 예산 및 회계를 통해 행정기관을 법적으로 통제하려는 의지가 함축되어 있다. 이러한 재정적 책임성이 결여될 경우에는 공공회계 및 자금통제, 현금관리, 회계감사, 재무기록관리 등 모든게 제대로 이루어질리 없다. 재무관리에 대한 통제를 한단계 강화시킨다면, 시민들로부터 위임받은 정부의 통치행위는 더욱 투명하고 활기차게 수행될 수 있게 된다.

목적에 상응하는 재원의 확보

재무관리는 정부의 정책적 우선순위에 따른 재원의 합리적 배분을 가능케 한다. 이는 입법기관에 의해 승인되는 예산의 조정을 통해 실현되며, 또한 지출 부문에 대한 감사를 통해 더욱 강화될 수 있다.

효율성

공공분야의 재무관리는 최근들어 많은 주목을 받고 있다. 공공 예산의 감소로 인해 행정기관들은 보다 적은 재원으로 동일한 서비스를 제공해야 하는 심적 부담을 안게 되었다. 삭감된 예산에 대한 대처방안으로 재무담당자들은 '돈의 값어치'를 확대시키고 그 효용성을 제고시킬 수 있는 재무분석에 전력하고 있다.

전통적으로 공공분야의 재무관리는 지출경비의 통제에 초점을 맞추어 왔다. 재무관리의 핵심은 세입을 최소화하기 위한 공공지출의 절감에 역점이 두어졌다. 그러나 최근들어 공공분야에서도 민간부문의 재무관리 기법을 활발히 도입하고 있다. 가령 감사원에서는 '돈의 값어치' 감사를 실시하는데, 이는 경제적이며 효율적으로 대국민 서비스를 제공토록 하는 정부의 재무규정에 맞게 예산이 집행되고 있는가를 감시하기 위한 것이다. 환언하면 현재 공공기관의 재무시스템은 지출의 확대를 방지하는 시스템으로부터, 재원의 효율적 활용을 추구하는 시스템으로 선회하고 있는 것이다.

경제적 안정성

현대의 모든 정부는 경제에 관련된 각종 정책을 수립하고 이에 따라 국가 경제를 운영할 필요에 직면하게 된다. 한 나라의 경제는 주로 민간 영역에 의해 주도되지만, 다른 한편에서 볼 때 민간영역은 정부의 재정 정책이나 각종 규제 장치들의 영향을 받는다고 할 수 있다.

정부 자체가 국가 경제를 주도하기도 한다. 공공분야의 차입이나 지출은 국가 경제 전 영역의 안정성에 영향을 미친다. 정부는 국고관리나 예산편성, 각종 승인절차를 혁신시킴으로써 경제운영 능력을 향상시킬 수 있다. 이는 조세행정, 회계감사 장치 및 중앙은행의 각종 정책 개혁을 통해서도 이루어지게 되며, 공식통계를 마련함으로써 개혁의 방향을 가늠할 수도 있다. 이러한 개혁 장치들은 결국 정부의 재정운영 능력을 제고시킴과 더불어 국가 경제 전반에 안정성을 가져다 주게 된다.

2. 재무관리에 대한 변화하는 시각

기록관리자들은 재무관리의 변화하는 동향에 주목해야 할 필요가 있다. 이러한 변화는 재무관리를 지원하는 정보시스템 및 그 관리과정에서 생산된 기록물에 영향을 미치기 때문이다. 경제 환경을 비롯하여 정치·사회·문화적 요소들이 나라마다 다른 것 처럼, 재무관리 역시 상이한 방식으로 행해져 왔다. 무릇 최고의 재무관리시스템이란 그 나라의 상황에 맞게 설계된 것이라 할 수 있다.

최근들어 재무관리에 대한 새로운 시각들이 속속들이 제시되고 있다. 이러한 동향들의 일관된 공통점은 '투입' 측면보다는 '산출' 부분을 보다 중시한다는 것이다. 즉 무엇을 생산하기 위해 얼마만큼의 재원 투입이 필요한가에 대한 계산보다는, 얼마나 효용성있게 산출이 이루어지는가를 우선적으로 고려한다. 바로 여기서 공공분야의 재무관리 영역은 그 기관의 책무를 보다 효과적이며 능률적으로 수행할 수 있게 만드는 장치로 자리하게 된다. 이러한 움직임들은 정부의 회계 관행을 개선시키고 각종 표준화를 촉진시키며 업무보고 체계를 혁신시키고 있다.

실례로, 재무관리에 대한 변화하는 시각들은 예산편성 과정 역시 변화시켜 왔다. 현재 사용되고 있는 예산편성 방식은 여러 가지가 있다. 그 중 몇 가지 방식을 살펴보도록 하자.

- 품목별 예산편성(Line Item Budgeting) 방식은 지출항목에 따라 명년도 지출내역을 목록화시킨다. 이러한 예산들은 각 기관별 인건비 및 각종 수당, 여비, 물품구입비 등에 얼마만큼의 재원이 소요되는가를 구체적으로 명시해준다.
- 성과주의 예산편성(Performance Budgeting) 방식은 가지출안을 사업별로 구분한 다음, 각 사업을 비용과 연계시켜 보는 것이다. 이러한 방식은 예산 증가분을 심의하는 기존

의 품목별 예산편성 방식과는 달리, 예상되는 표준작업량을 근거로 예산을 수립한다.

- 계획예산편성(Programme Budgeting) 방식은 경쟁적 관계에 있는 정책들간의 예산안을 선택해, 서로 다른 예산항목을 여러 측면에서 비교 검토하는 것이다.
- 영기준 예산편성(Zero-based Budgeting) 방식은 원점에서부터 출발하여 예산을 편성하는 방식이다. 가령 국가 차원에서 볼 때, 이 방식에서는 '만일 군대가 없다면'이나 '연금보험 제도가 존재하지 않는다면' 등과 같은 원론적 질문에 대한 답을 구해야 한다. 그러나 연간 예산편성 방식으로서의 그 유용성은 아직 입증되지 않았다.

정부가 보다 기업형태로 운영되고 상업형 서비스를 지향함에 발맞추어, 공공분야에서도 민간영역의 회계방식을 채택해가고 있다. 현금수지회계에서 발생주의회계로 변모하는 추이는 이에 대한 대표적 실례라고 할 수 있다.

- 현금수지회계(cash accounting)는 실제 금전출납이 행해진 기간 내에서 발생된 거래행위만을 산정한다.
- 발생주의회계(accruals accounting)는 실제의 금전출납 여부와 상관없이, 해당 기간 내에 발생된 모든 경제적 거래행위를 산정한다.

현금수지회계는 전통적으로 중앙 정부에서 채택되어 왔다. 이러한 체제 하에서 수입·지출 항목은 단지 현금이 오고간 경우에만 기재된다. 여기서 가늠코자 하는 것은 특정 기간내 자금이 들어오고 나가게 된 대상 및 목적이다. 이러한 현금수지회계는 발생주의회계를 수행할 '능력'이 결여되었거나, 회계방식 변화에 따른 잇점이 여기에 수반되는 비용을 상쇄하지 못할 경우 계속 사용되게 된다.

발생주의회계는 현금의 입·출금에 상관없이 모든 거래행위를 산정한다. 거래행위는 전부 회계장부에 기재되며, 당해기간 재무제표의 좌우 항목, 즉 수입·지출 내역을 구성하게 된다.

증감 내역을 제공해주는 재무제표에는 이미 완료된 현금 입·출금 내역 뿐만 아니라 향후 이행될 수입·지출 내역 또한 제시해 준다. 이러한 방식은 재원의 이용 현황 및 수행 내역과 더불어, 투입에 대한 산출결과의 파악을 용이케 해줌으로써 경제적 의사결정을 효율적으로 수행할 수 있게 만든다.

3. 재무관리와 기록물

재무관리시스템은 정책결정자 및 공공분야의 책임자에게 다음과 같은 사항을 제공해 준다.

- 지출을 통제할 수 있게 한다.
- 경비지출의 우선순위를 파악케 함으로써 재원을 효율적으로 공평하게 분배할 수 있도록 한다.
- 최소한의 가용비용으로 소정의 성과를 달성케 함으로써, 주어진 예산 활용의 최적화를 도모케 해준다.

모든 재무관리시스템은 기록물을 생산하며, 모든 재무시스템은 기록물에 의존한다 할 수 있다.

[연습 1]

여기서 잠시 재무관리에 기록물이 공헌할 수 있는 바를 작성해 보도록 하자. 사고를 총동원하여 가능한한 많은 점들을 도출해 내도록 하자.

이하에서는 기록물이 재무관리에 공헌할 수 있는 바를 설명토록 하겠다.

책임성과 통제

기록관리는 재무관리를 강화시키며 책임성을 제고시킨다. 누가, 무엇을, 언제, 왜, 어떻게 했는가에 대한 사실을 남기는 것은 업무당사자를 부패나 타락으로부터 지켜줄 수 있는 강력한 장치이며, 아울러 이를 통해 책임성을 고취시킬 수 있게 된다. 기록물이 제대로 관리된다면, 책임 및 의무 내역 또한 공정하게 관리된다. 신뢰성 있는 기록물은 처리행위를 수행케 한 권한 및 당사자와 처리일자 사이의 연관관계를 명확히 밝혀준다. 이처럼 기록물은 업무상의 남용이나 악용, 재무 책임의 불이행 내역 등을 입증할 수 있는 도구라 할 수 있다.

재무관리는 또한 사업을 조직적이며 효율성있게 수행될 수 있도록 하고 아울러 자산을 안정적으로 운용할 수 있게 하는, 내부통제시스템에 의존한다. 재무기록관리는 이러한 통제시스템의 근간을 형성한다. 재무기록관리가 제대로 수행되지 못할 경우, 이러한 시스템의 정교한 운영 역시 보장할 수 없다. 이는 업무 참조를 위해 또한 의사결정 및 위험요소 파악을 위해 필요한 기록물을 손쉽게 활용할 수 없기 때문이다.

일반적으로 회계청장(Accountant General)과 같은 회계관련 고위관료는 재무관리시스템 운영을 위한 세부규정을 제정한다. 짐바브웨와 같은 국가에서는 이러한 규정을 정부행정관리위원회(Public Service Commission)에서 제정한다. 완벽하면서도 정확한 기록물이 이러한 통제시스템을 제대로 운용될 수 있도록 한다는 사실은 두말할 필요없다.

반대로 이러한 통제시스템은 기록물 자체적으로 내용적 완결성을 지니게 함과 동시에 유기적으로 구조화될 수 있도록 한다. 재무관리상 영국식의 재무성시스템(Exchequer System)을 운영하는 나라에서는 회계청이 없다. 대신 각 부처는 자체 내의 계정을 지니며 회계시스템을 운영하게 된다. 재무성시스템은, 회계청시스템(Accountant General System)하의 중앙집권적 운영방식과 달리, 권한 및 업무가 보다 분권화된 특징을 지닌다고 볼 수 있다. 재무성시스템에서 재무성의 정무차관은 보통 일반 규정들을 제정할 책임을 지닌다.

기록관리 프로그램의 목적은, 재무관리 활동에 대한 증거를 제공하는 기록물을 조직 전체를 통해 체계적으로 통제코자 하는데 있다고 할 수 있다.

회계 및 감사

기록관리는 또한 회계업무를 지원해주며 회계감사를 가능케 한다. 재무분야의 레코드키핑은 회계업무에 기초자료를 제공하며 회계감사를 세부적으로 수행할 수 있게 한다. 현실적으로 볼 때, 기록물이 체계적으로 관리되지 않는다면 회계감사에 필요한 문서를 찾을 시에 어마어마한 시간을 낭비하게 될 것이다. 횡령죄를 범한 당사자는 관련 기록을 고의적으로 방치하거나 제자리가 아닌 곳에 놓아둘 수도 있다. 이럴 경우 감사자는 그 죄를 밝혀내기가 어렵게 된다. 반대의 상황도 가능하다. 만일 경비지출 관련문서가 제 위치에 존재하지 않을 경우, 담당자는 공금횡령죄로 억울하게 고소당할 수도 있다. 이처럼 정상적으로 조직화되고 관리된 기록은 경제 범죄의 유무를 판가름하고 결백을 증명해주는 근간이 된다.

재무기록관리 프로그램은 기록물의 물리적, 지적 통제를 가능케 하며, 또한 고의적이든 아니든 상관없이 훼손이나 변조, 은폐, 폐기 등의 위험으로부터 기록물을 보호할 수 있게 해준다. 기록관리는 필요한 기록물을 즉시 제공할 수 있는, 안전막 내지 보호막으로서의 역할을 담당해야 한다.

회계와 감사 그리고 기록관리 분야가 서로 조화롭게 운영된다면, 이는 재무관리시스템에서 투명성 및 정직성, 형평성을 확보할 수 있는 조정장치가 될 것이다. 비록 현실적으로 기록관리는 회계 및 감사기능의 일부로서 통합되어 있지만, 이들의 상관관계를 간략히 도식화하면 아래와 같다고 할 수 있다.

도표 1 : 재무책임 사이클

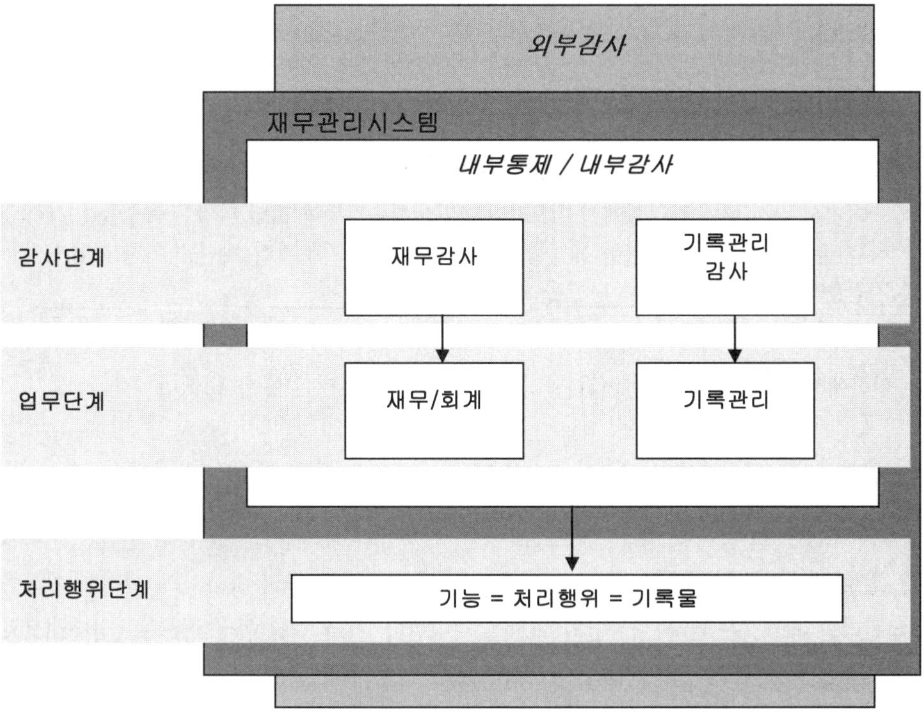

4. 재무기록 관리상의 문제

　여러 면에서 재무기록은 여타 행정기록과 공통점을 지니며, 본 교육프로그램에서 제시한 여러 기록관리 원리 및 방법론을 공유한다. 그러나 다른 한편으로는 재무기록만의 독특한 특성 또한 존재한다고 할 수 있다.

　정부의 재무 레코드키핑시스템은 그 규모가 매우 크고 범위가 광범위하기 때문에, 시스템을 변혁시키기 위해서는 상위기관의 지원이 필요하다. 더욱이 재무관리시스템은 회계 및 감사 표준화에 직결되어 있고 또한 비공개로 운용·감독되기 때문에, 기록관리자가 효율적인 재무기록관리 서비스를 제공하기 위해서는 고위층 및 기타 이해당사자들의 지원을 얻어내야 한다.

　이를 위해 기록관리자는 상위기관이 이해할 수 있는 수준으로, 재무관리의 체계적 운영에 기록관리자가 공헌할 수 있는 바 및 효율적 기록관리 사례를 제시해야 한다. 이를 위해서는 기록관리자는 재무기록의 특성 및 재무기록 관리가 가져올 효과를 충분히 이해하고 있어야 할 것이다.

[연습 2]

여기서 잠시, 기록관리상에서 떠오를 수 있는 재무기록이 지닌 다양한 특성들을 간략히 기술해 보자. 또한 이러한 특성들을 바탕으로, 재무기록관리 개선을 위한 상급자의 지원을 이끌어 낼 수 있는 방안을 고려해 보도록 하자.

이하에서는 재무기록에 관련된 관리상의 문제를 검토해 보도록 하겠다.

재무기록의 양, 범위 및 복잡성

재무기록은 그 방대한 양을 특징으로 한다. 재무상의 처리행위들을 통해 생산된 기록물은 정부 생산기록물 가운데 가장 큰 범주를 차지하는 것들 중의 하나이다. 이러한 기록물을 관리한다는 것은 곧 사무공간의 절감을 의미한다. 이들 기록물의 대부분은 상대적으로 단기간 동안 유지되는 것이 일반적이지만(관련규정에 따라 다르지만, 보통 6-7년), 그 기간 동안 각종 비리나 부패를 방지하는데 큰 효용가치를 지닌다. 재정정책에 관련된 기록물은 위의 기록물에 비해 양적으로는 작지만, 정책 개발이나 그 수행에 중요한 역할을 담당한다. 이들 기록물은 역사적 가치 또한 높게 평가할 수 있는 것으로 항구적 보존대상으로 삼을 필요성이 있다.

또한 재무기록은 어디에서나 찾아볼 수 있는 특성을 지닌다. 모든 행정활동에는 경비지출이 수반되기 마련이다. 따라서 재무관리가 필요하게 되며, 이는 곧 재무기록이 생산된다는 것을 의미하는 것이다. 이러한 기록물은 정부의 전체적 견지에서 관리되어야 할 필요가 있다.

재무관리시스템은 매우 복잡하다. 정부에서 재무관리 분야가 차지하는 범주 및 그 중요성은, 예산편성·회계운영·수입예측·구매 및 지출 등이 거미줄처럼 연계되는, 업무기능 내지 체제상의 복잡성 및 상호유기성을 지니도록 유도해왔다. 내·외부 감사와 같은 통제 내지 규제 영역 역시 복잡성을 띤다. 따라서 기록관리자는 재무관리에 내재되어 있는 기본 원리를 훤히 파악해야만 한다. 이래야만 함께 일하게 될 재무담당자들의 신망을 얻을 수 있게 되며, 또한 해당 기록물을 분석하고 평가할 수 있는 소양을 배가시킬 수 있기 때문이다.

재무기록과 책임성

기록물은 재무적 책임성의 근간을 형성한다. 기록물은 정부 재무상의 행위 및 결정에 대해 법적 유효성을 지닌 신뢰성있는 증거를 제공하며, 그 책임성을 판단할 수 있는 근거가 된다. 비리행위를 예방할 수 있는 수단이 되기도 한다. 재무기록관리시스템이 부실하게 운영된다면, 의사결정 및 행위에 대한 책임성을 판가름할 방도가 없게 된다. 이러할 경우 각종 비리와 부패 행위가 판을 칠 것은 뻔한 일이다. 이러한 측면에서 기록관리는 비용절감 장치라고도 볼 수 있다. 만일 비리행위자들이 추적당할 감사자료가 있다는 사실을 안다면, 목숨걸고 비리를 저지르기 만무하다. 반대로 투명한 회계감사 자료는 억울한 누명의 진위여부를 밝혀줄 수 있다. 소추(訴追)의 재가가 용인되는 곳에서는, 법률가들은 증거로서 제출된 기록물에 의존할 것이기 때문이다.

하지만 정부의 재무관리시스템에서는 기록관리 영역이 배제되는 경우가 흔하다. 각종 재무관련 내규 및 회계편람에는 재무기록의 보관 및 활용에 대한 규칙을 명문화하고 있지만, 체계적인 기록관리를 염두에 두고 만들어진 것은 아니다. 또한 재무기록은 그 기관 기록관리자의 소관하에 있지 않는 경우가 허다하다. 결과적으로 이처럼 생명력있는 정보원들이 제대로 관리되지도 통제되지도 않는 것은 불보듯 뻔한 일이다. 이는 결국 불필요한 기록물이 무질서한 상태로 산더미처럼 쌓이는 결과만을 양산하게 된다. 이러한 상황에서는 재무기록에 대한 용이한 접근 및 효율적 활용을 기대할 수 없으며, 따라서 회계감사 업무 또한 제대로 진행되기 어렵게 된다.

회계감사자는 재무기록관리가 제대로 행해지지 않는 기관에 대해 엄중한 시정경고를 내릴 필요가 있다. 재무기록의 효율적 관리를 명문화한 각종 규칙, 내규 및 절차가 지면상으로 존재한다 할지라도, 감사자의 엄중한 지적이 없다면 무용지물이 되는 경우가 보통이기 때문이다. 회계감사자가 부적절하게 관리하고 있는 기관에 대해 엄중히 지적하고 아울러 되풀이되는 범법행위에 대한 처벌을 강화한다면, 보다 나은 기록관리가 수행될 수 있을 것이다.

재무기록 및 관계 규정

새무기록은 관린 규정 내지 각종 통세장치의 보호하에 관리되어야 한다. 보통 새무기록에는 회계감사가 완료되기 까지의 일정기간 동안 폐기를 금지하는 규정이 부여되며, 이러한 규정을 위반할 시에는 법의 심판을 받게 된다. 재무기록에 영향력을 미치는 법적 골격은 공공회계에 대한 감독 및 감사권한을 부여하는 헌법과, 그 하위법으로 재무 및 감사, 기록관리에 관련된 다양한 법들로 구성되어 있다. 재무 및 감사에 관련된 법들은 보통 각 부ㆍ처 및 산하 실·국, 과에서 재무 및 회계기록들을 적절히 관리하도록 강제한다. 또한 이러한 법들은 회계감사자에게 재무에 관련된 모든 기록물을 열람할 수 있는 권한을 부여해준다.

행정 수행에 관련된 각종 규정들 역시 재무기록을 뒷받침하거나, 관리·활용 내지 처분에 대한 근거를 마련해 준다. 가령 연금관련 규정은 연금납부기록을 각 부서에서 보관토록 의무화한다. 조세관련 법규에서는 세금 및 각종 공과금 납부기한을 명시하는데, 이는 곧 조세 관련 파일이 보존되어야 하는 최소한의 기간을 의미하게 된다. 회계규칙 및 재무내규와 같은 부수적인 법안 역시 재무법과 같은 상위법의 테두리 내에서 빈번하게 제정된다. 이러한 부수 법안들은 회계 및 재무기록의 생산양식이라든가 편철, 정리방식, 폐기 등 보다 세부적인 관리방안에 대한 지침을 제공해준다.

재무기록과 컴퓨터

컴퓨터를 통한 재무기록의 생산은 더욱 더 보편화되어 가고 있다. 업무자동화의 0순위는 보통 재무관련 업무가 차지하게 된다. 대부분의 나라들은 지급 및 납부시스템을 전산화해 왔다. 일부 국가의 경우에는 전산화된 국가 재무관리시스템을 통해 재무관리의 전반적 업무를 처리하고 있다. 아무튼 재무기록은 기록관리자가 접하게 될 최초의 전자기록일 경우가 많다고 할 수 있다..

컴퓨터기술의 광범위한 이용에 보조를 맞추어 레코드키핑 역시 기술적으로 보다 복잡화되어 가고 있다. 컴퓨터 환경하에서의 레코드키핑 원리는 근본적으로 종이 환경하에서와 매한가지이지만, 그 방법론적 관리기술은 분명 다르다. 종이기록 전문가와 소위 IT로 약칭되는 정보기술 전문가들은 상호 긴밀한 협력관계를 형성해야 한다. 국립기록보존소 내에도 전자기록을 전문적으로 담당하는 별도의 부서를 설치할 필요가 있다. 이러한 부서에는 전자기록에 걸맞는 특수장비 및 전문기술 인력을 배치해야 할 것이다.

이와 같은 전산화는 감사증거에 대해서도 함축적인 의미를 지닌다. 컴퓨터 환경하에서도 회계감사가 계속 수행되는 이상, 감사증거에 관련된 원리는 변하지 않는다. 자기디스크 내지 광디스크에 데이터 형태로 저장된 전자기록은 여전히 감사의 증거자료로 활용될 것이다.

법정에서 컴퓨터기록을 증거로서 인정한 관례는 거의 없다. 컴퓨터기록이 증거자료로 채택된 경우에는 이들 기록물의 진위성을 판단하기에 앞서, 법원은 우선적으로 정보기술시스템이 정상적으로 운영되는지에 대한 전문적인 심의를 진행시킨다. 따라서 이러한 시스템이 해당 기록물의 진위성 및 신뢰성을 부여할 수 있을 정도로 정상적으로 운영되고 있지 않다면, 전산상으로 수행된 처리행위 내지 이미지 문서는 법적 증거자료로 승인받기 힘들다. 이러한 운영 현황의 일부는 종이에 기록된다. 이를 감안할 때, 전자기록과 함께 운영 현황을 문서화한 종이기록 모두 제대로 관리되어야 할 필요성이 있다고 할 수 있다.

필요한 여건이 제대로 마련될 때, 기록관리프로그램은 원리 그대로 수행될 수 있게 된다. 따라서 각 기관에서는 보다 나은 기록보존 및 활용이 이루어질 수 있는 환경을 창출할 필요가 있다. 이를 위해서는 다음과 같은 관리상의 조치들이 선행되어야 한다.

- 기록물의 생산, 관리, 활용을 촉진시킬 수 있는 문화를 개발한다.
- 기관내 기록관리 및 기록관리 담당자의 역할을 강화시킨다.
- 기록관련 규정을 강화시킴과 아울러 그 위상을 자리매김한다.
- 기록관련 표준을 제정함과 아울러 이행토록 한다.
- 각종 부패 및 비리행위에 취약한 기록관리체제상의 헛점을 보완할 장치를 개발한다.
- 레코드키핑상의 미비점에 대해서는 교육훈련을 부과하고, 보다 나은 기록관리가 수행될 수 있는 동기를 제공한다.

재무기록물관리의 필요성

재무기록은 기록관리 절차에서 제외되는 경향이 있다. 재무기록 역시 정부의 일반적인 기록관리 법령들의 틀 속에 포함되어 있지만 일반 기록물과는 별도로 보관되고, 심지어는 기록관리자의 관할하에 있지 않은 경우도 있다. 이렇게 되면, 기록물은 보관공간이 모자를 정도로 양적으로 통제 불가능하게 되며, 그 관리 및 활용체계는 졸지에 붕괴된다.

재무시스템의 붕괴는 종종 기록관리의 붕괴와 관련깊다. 재무관리상의 문제와 부적절한 기록관리 방식간의 상관관계에 대해서는 대체로 제대로들 인식치 못하는 것 같다. 하지만 기록물은 재무관리시스템에서 활용되는 모든 정보의 근원이다. 만약 기록물이 질서 정연하게 관리되지 않아 회계감사시 그 활용이 어렵거나 불가능하다면, 각종 부패와 비리행위가 만연케 된다는 것은 삼척동자라도 가히 짐작할 수 있다.

재무관리시스템이 붕괴되면 그 결과는 심각하다. 그 전형적인 징후는 다음과 같다.

- 감사시스템이 제대로 작동되지 않으며, 정보활용이 어렵게 된다.
- 결재장부가 제대로 유지되지 않으며, 경비지출을 통제할 핵심 장치를 잃게 된다.
- 회계가 제때 이루어지지 않아, 경비지출 통제 및 그 감시에 한계가 있게 된다.
- 회계감사 절차가 비효율적으로 이루어진다.

요약

지금까지 재무관리의 개념을 개관함과 아울러 정부에 대해 지니게 되는 다음과 같은 중요성을 설명하였다.

- 책임성
- 목적에 상응하는 재원의 확보
- 효율성
- 경제적 안정성

재무관리에 대한 접근방식은 시간의 경과와 함께 변화하며, 이러한 재무관리의 성패는 정보에 대한 접근성에 의해 좌우된다. 믿을만한 정보는 궁극적으로는 정확하면서도 완전한 기록물로부터 얻게 된다. 정보시스템에 대한 면밀한 관찰없이 재무관리시스템에 접근하는 것은 무용지물이다. 기록관리자는 기록물이 생산되는 기능 및 절차를 숙지해야 한다. 그래야만 이에 적합하면서도 효율적인 기록관리체제를 창안할 수 있다. 본 과에서는 이와같은 재무관리에 대한 변화하는 접근방식을 논의했으며, 아울러 재무관리와 기록물간의 상관관계에 대해서도 고찰하였다.

또한 재무기록관리에 전제되어야 할 상위기관과의 관계 문제를 살펴보았으며, 재무기록관리에 기록관리자가 포함되기 위해서는 상위기관의 지원이 확보되어야 한다는 점 역시 강조하였다. 아울러 재무기록과 관련된 다음과 같은 관리상의 문제에 대해 검토해보았다.

- 재무기록의 양, 범위 및 복잡성
- 재무기록과 책임성
- 재무기록과 관련 규정
- 재무기록과 컴퓨터기술
- 재무기록관리의 필요성

학습과제

1. 정부에서 활용되는 또 다른 예산편성 방식은 무엇인가?

2. 현금수지회계와 발생주의회계의 차이는 무엇인가?

3. 왜 회계 및 감사는 정확한 기록물에 의존하게 되는가?

4. 기록관리자는 재무기록에 관한 컴퓨터의 파급효과에 대해 무엇을 파악해야 하는가?

5. 기록관리프로그램을 성공적으로 개선시킬 요소들은 무엇인가?

연습 : 조언

연습 1-2

앞서 제시한 연습 1, 2는, 재무기록 및 이에 관련된 기록관리상의 문제에 대한 기존의 생각들을 본 과의 내용과 비교해 보는데 도움을 줄 것이다. 각 연습문제에 대한 나름의 답을 본 과의 내용과 비교해 보고, 이후의 학습에 활용토록 하자.

이해당사자(Stakeholder)

기록관리자는 재무관리 영역의 이해당사자들이 지니는 기능 및 역할에 대해 파악할 필요가 있다. 정부 체제는 그 규모가 크고 복잡하다. 특히 국민에 대해 책임을 지는 다양한 역할 및 책무를 부여받음과 아울러, 공적 봉사자로서 다양한 정보들을 필요로 한다는 점은 그 복잡성의 층위를 한층 강화시킨다.

이해당사자는 다음과 같이 정의할 수 있다.

이해당사자(Stakeholder) : 특정 조직의 운영 내지 재원, 사업에 대한 권한을 지니며, 그 사업결과에 책임을 지는 개인, 단체 내지 조직체

공공분야의 재무관리와 연관된 주요 이해당사자들로는 일반 대중 및 국가의 수반, 입법기관, 정부, 특히 정부내 내각 등을 들 수 있다. 내각에 포함되지 않는 부처장 및 전체로서의 공공기관, 독립 부서들 역시 이에 포함된다고 할 수 있다.

[연습 3]

재무관리를 담당하거나 책임을 지는, 이를 통해 재무기록에 대한 관리에도 일정 책임이 있는 이해당사자들을 나열해 보자.

아래의 도표 2는 예산기능과 관련된 주요 이해당사자들의 상관관계를 나타낸 것이다. 여기서는 각종 법령 및 규칙, 규정 하에서 수행되는 권한의 위임 절차를 의원내각제 정부형태를 모델로 구성해보았다. 대통령제의 경우 이러한 권한 및 통제는 보다 분산된 양상을 보이지만, 여기서도 역시 이러한 절차를 조율하는 견제 및 균형장치가 내재되어 있을 것이다. 기록관리자는 이처럼 다양한 이해당사자들의 상호작용을 이해하기 위해 그 내적 구조를 파악해야 할 필요가 있다.

도표 2 : 예산기능의 개념적 구조

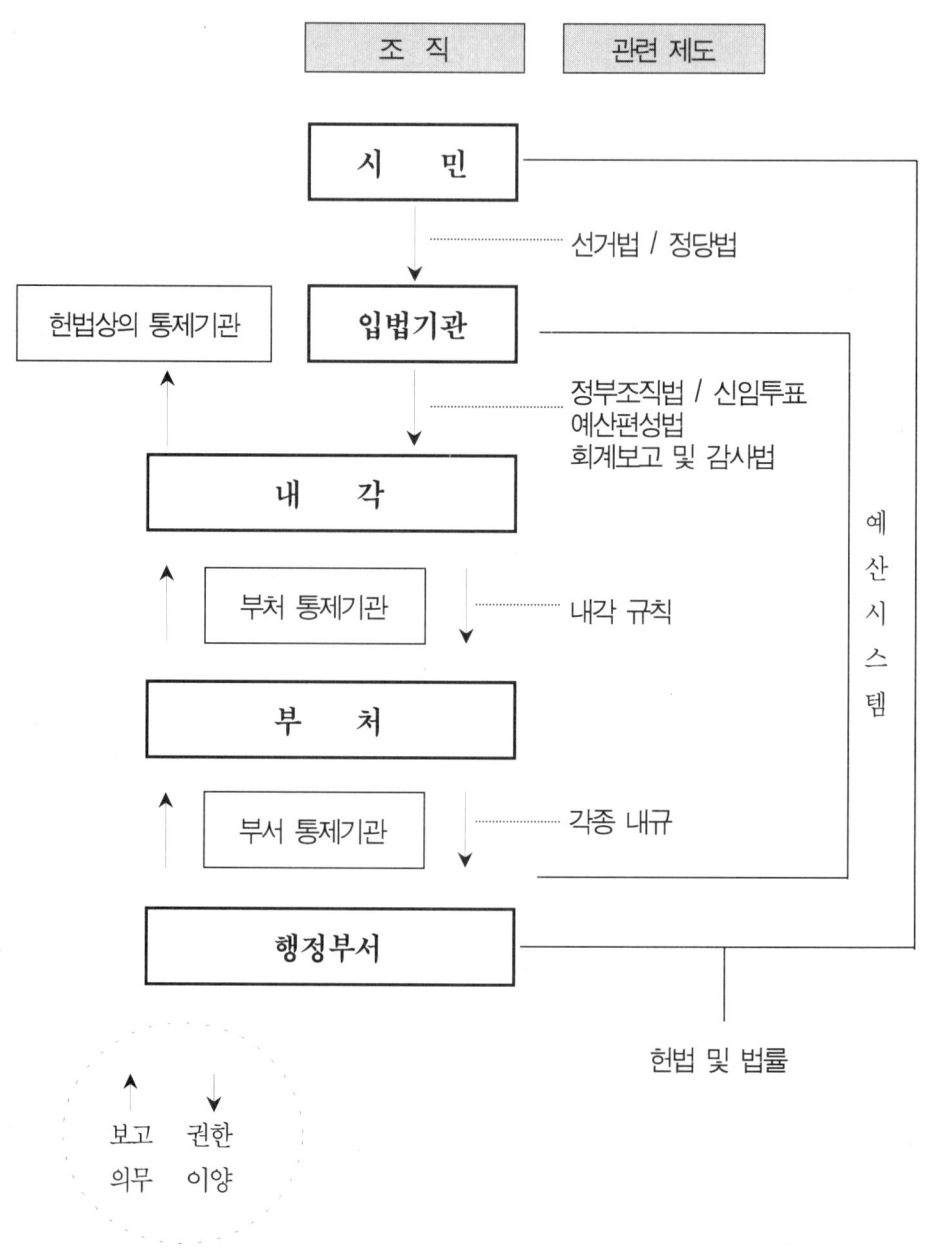

<자료> PREM Network, *Public Expenditure Handbook,* The World Bank, 1998. 6. p. 20.

Ⅰ. 상위단계 이해당사자

입법기관

입법기관은 보통 재정예산의 확보 및 이용에 대한 책임을 지며 그 집행을 감시한다. 또한 재정계획 내지 예산안을 승인함과 아울러 집행기관에 다음과 같은 권한을 부여한다.

- 경비지출의 집행(기편성된 한도내)
- 투자
- 재원의 징수(조세, 차입금 등)
- 관련 법규 내에서의 사업 수행

입법기관은 정부 회계보고 전반에 대해 관리해야 하는 책임이 있다. 이와 관련되어 문서화되어야 할 대상으로는,

- 연간예산
- 재정정책 보고
- 예산산출 및 계획서
- 국가회계위원회 보고서 등이다.

입법기관은 전체적인 재정 현황 및 재원의 구체적 활용처에 대한 세부 보고를 정부 및 그 산하기관에 부과할 수 있는 권한과 책임을 모두 지니고 있다. 독립적으로 감사가 수행되는 정부 재무제표는, 정부 및 그 산하기관에 예산운영상의 책임성을 진작시켜주는 중요 장치라 할 수 있다. 이러한 재무제표는 보통 국가회계위원회에서 주도 면밀하게 감사하고 있다.

집행기관

집행기관은 예산운용에 대한 실질적 책임을 지닌다. 여기에는 예산의 운용방향 수립 및 계획, 지시, 통제와 더불어 재부행정 사안의 보고책임 능도 포함된다.

일반대중

일반대중은 공공예산이 합당하게 책정되었으며 합리적으로 운영되는지에 대해 관심을 갖는다. 공식적으로 발행된 정부의 회계관련 자료들을 제외하고는 직접 재무기록을 접해 볼

기회는 거의 없으며, 실제상으로도 이들 기록물을 읽으려 하지도 않는다. 그러나 일반대중은 각종 언론매체 및 국가정책에 관련된 논의사안들을 통해 이에 대해 숙지하게 되며, 아울러 이러한 정보를 숙지해야 할 필요 또한 있다고 할 수 있다.

국제원조기구 및 상호협조기구

이들 기구들은 공공분야의 재무관리를 수행하는 공식적인 합법기관은 아니지만, 여러 개발도상국에서는 사실상의 이해당사자의 역할을 담당하고 있다. 이들 기구는 세계 전역에서 수행되는 상당수의 공공사업에 기부 내지 차관 형태로 자금을 지원하고 있다.

국제원조기구로는 국제통화기금(International Monetary Fund: IMF) 및 세계은행(World Bank), 국제개발프로그램(United National Development Programme: UNDP) 등이 있으며, 아프리카개발은행(Africa Development Bank) 및 아시아개발은행(Asian Development Bank) 등과 같은 대륙별 개발은행들도 있다. British Government's Department for International Development(DFID) 및 United States Agency for International Development(USAID), Norwegian Agency for Development Cooperation(NORAD), Danish International Aid Agency(DANIDA)는 모두 상호협조기구들의 실례이다. 각 기구들은 자금이 지원된 사업에 대한 나름대로의 재무보고 규정을 운영하고 있으며, 자금을 지원받은 국가들은 이러한 규정을 준수하도록 권고받는다. 보통 여기서 생산된 기록물은 정부의 기타 재무기록과는 별도로 관리되며, 그 관리책임 또한 정부의 재무기관들과 일치하지 않는다. 이들은 재무관리 시스템을 분산적으로 운영 가능토록 하는데, 이 경우 어느 기관에서 관할한다는 위치정보를 제시하면 된다.

2. 실무단계 이해당사자

모든 공공기관들이 재무기록을 생산하고 유지하는 동안, 특정 기관들은 재무시스템의 운용 및 여기서 발생된 기록물의 관리영역에서 중요한 역할을 수행한다. 아래에서는 이러한 기관들을 살펴보도록 하겠다.

중앙은행

중앙은행은 해당 국가의 통화정책을 수립함과 아울러 국가내 은행들에 대한 각종 지침을 하달한다. 또한 국가의 주요 결제시스템을 규정, 지원함과 아울러 정부 채무에 대한 재정 대리인으로서의 역할을 담당한다.

공공기관의 회계시스템이 정상적으로 운영되지 않는 국가의 경우, 정책결정자는 중앙은 행의 현금수지 상황과 관련된 기록물을 의지하게 된다. 이러한 기록물은 얼마나 많은 돈이 지출되었으며, 얼마의 돈이 세금 및 기타 장치를 통해 들어왔는지에 대한 전체적인 수치를 제시해준다. 중앙은행의 기록물은 그 사안의 중요도가 매우 높은 관계상, 보통 기타 공공분 야의 재무기록과는 별도로 관리된다.

재징/경제계획기관

재정 및 경제계획을 담당하는 기관에서는 정부의 정책대상을 재정정책으로 변환시키는 역할과 아울러, 예산집행 단위에 각종 운용지침을 하달하는 역할을 전담한다.

재무부는 공공지출, 정부 부채, 재정정책 등에 대한 관리 및 통제 전반을 담당하고, 장기적 인 재정계획을 수립하는 책임을 지닌다. 또한 어느 부서에 얼마만큼의 재원이 필요하며 어 떻게 배분해야 하는가를 결정할 권한을 지닌다. 이로 인해 재무부는 정치영역과 밀접한 관 련을 맺게 된다. 경제개발을 위한 계획경제 모델을 운영하는 국가의 경우에는, 국가개발계 획위원회(National Development Planning Commission)와 같은 개발책임을 담당하는 기관이 예 산편성 및 집행계획 수립에도 일정한 책임을 담당하게 된다.

재무부의 국고관리기능은 두 가지 활동으로 구성된다.

- 정책 수립
- 자금의 실제 운용

영국의 식민지 경험을 지닌 국가들의 경우에는 재무성(Treasury) 제도를 폐지하는 대신, 정책을 책임지는 재무부(Department of Finance; 후에는 Ministry of Finance)와 실제 자금운용을 전담하는 회계청(Accountant General's Department)으로 그 역할을 이원화하였다.

영국의 행정전통을 일부 수용한 국가에서는, 재무성시스템(Exchequer System)을 계속 운영 하고 있다. 여기서는 자금관리의 책임이 각 부처에 분권화되어 있지만, 최종적으로 각 부처 는 재무성의 정무차관에 대한 책임을 지닌다. 재무성은 각 부처에서 생산된 자료를 취합해 정리한다. 각 부처는 적절한 정부규정의 범위 내에서 자금을 운영해야 하며, 또한 최종적인 정부회계보고서 발행에 사용될 수 있는 회계자료를 재무성의 정무차관에 대한 보고시 제출 해야 한다.

회계청장

일부 국가의 경우에는 회계청장에 의해 통제되는 중앙집권적 회계시스템을 실시하기도 한다. 정부 회계관료의 수장이며 회계정책 감시자이기도 한 이들은 자금의 입·출금을 조절할 책임을 담당한다. 또한 정부의 회계정책 및 절차를 감독하고 개선시킬 책임도 부여받는다. 한마디로 이들은 정부기관에서 사용되는 중앙집권적 회계시스템을 총괄해야 하는 책무를 지닌다고 할 수 있다. 이러한 회계시스템이 전산화된 경우에는, 이들 산하에 IT 관련부서를 두어야 할 것이다. 전형적으로 공무원 급여지급 업무는 별도의 독립 부서에서 전담한다. 이러한 업무는 대개 전산으로 운영되는 것이 보통이다.

감사원

보통 한 국가의 최고 감사기구로는 감사원이 있다. 이들 기관은 정부 각 부처의 공공예산 수지출 및 운용현황을 외부기관의 간섭없이 독자적으로 점검, 평가해 보고한다.

또한 '돈 값어치'에 대해 조사할 책임도 담당한다. 이는 특정 조직의 업무수행 과정에서 재원이 얼마나 경제적 효용성을 창출하며 효율적으로 사용되었는가를 진단하는 것이다.

- 경제성이란 비용의 최소화를 의미한다(지출의 최소화).
- 효용성이란 해당 투입요소에 대한 산출의 최대화 내지, 해당 산출결과에 대한 투입의 최소화를 의미한다(지출의 최적화).
- 효과성이란 대상, 목표 내지 의도한 결과의 성취여부를 의미하는 것이다(지출의 효율화).

전통적으로 회계감사는 재무관리 및 수행결과를 대상으로 이루어져 왔지만, 최근에 들어서는 특정 사안 내지 기능상의 과정에 대한 감시행위로 까지 그 역할이 확대되는 추세이다. 정부 활동 전반에 대한 감사수행에 외부 감사기관을 포함시켜, 어떠한 활동 내지 사업을 수행하였으며 어떠한 시스템 및 통제장치가 기능했는지를 감시, 보고해 주고 있다. 이처럼 감사자들은 공공기관의 기업식 운영여부 및 도덕적 관리여부 그리고 위험요소 관리 내지 책임성 등의 부문에 더욱 더 주목하고 있는 추세이다.

국세 및 관세, 기타 세입 징수기관

이들 기관은 정부 세입의 징수를 담당한다. 국세로는 일반적으로 개인소득에 대해 부과하는 소득세, 회사의 영업이익에 대해 부과하는 법인세, 자산가치의 취득에 따른 취득세, 부의 상속에 따른 상속세, 자산가치의 명의이전에 수반되는 양도세 등으로 구성된다. 관세 및 기타 세입 담당 부서에서는 상품 내지 서비스 거래에 따른 부가가치세, 수출입에 관련된 관세, 그리고 유류·담배·주류 및 도박행위 등에 부과되는 특별소비세 등을 징수한다.

각 부처의 장

각 부처의 장은 자체내의 내부 회계시스템 관리에 대한 책임을 진다. 대부분의 국가에서 각 부처의 장들은 회계업무자로서의 일정 책임을 부여받지만, 보통 자체내의 재무관리를 전담하는 별도의 부서를 운영하는 것이 일반적이다. 일부 연방국가들의 경우에는 일반적으로 회계청의 관할하에 회계 전담부서를 운영하고 있다. 이러한 부서에서는 정부 각 부처에 회계 실무진을 파견하는데, 여기에는 내부감사 실무진도 포함되이 있다.

재무성시스템을 운영하는 국가들의 경우에는 회계청이 부재하는 대신, 각 부처에서는 공무원임용제를 통해 선발된 회계 실무진을 거느리고 있다. 이들 부처는 독자적인 회계계정을 운영하고 자체적으로 회계기록을 관리하면서, 재무성의 정무차관에 대해 업무상의 책임을 진다. 이러한 방식하에서는 기관의 자체 사업에 관련된 회계 및 재무 업무상의 자율성이 보다 강화되며, 업무상의 유연성 또한 확대된다고 할 수 있다.

내부감사조직

내부감사는 회계 및 내부통제 시스템을 점검하고 개선시킬 목적으로 행해지는 것으로, 각 기관 차원에서 자체적으로 평가 내지 감시활동을 수행하게 된다. 이러한 관점에서 본다면 내부감사는 전체적인 조직통제시스템의 일부분으로 간주할 수 있다. 정부 중앙부처는 각 부처내에 내부감사장치를 적절하게 운영시킬 책무를 지니며, 보통 이러한 업무는 자체내의 내무감사조직을 통해 수행된다.

중앙전산소/정보기술부서

전산화된 재무시스템은 IT 전문가에 의해 관리되어야 할 필요가 있다. 종종 이들 전문가는 급여체계 등과 같은 특정분야의 운영을 위해 설치된 조직내에 편제되기도 한다. 이러한 조직은 재무부서 산하에 편제될 수도 있고, 아니면 중앙전산소에 소속된 채로 운영될 수도 있다. 아무튼 그 소속이 어찌되었건 이들 전문가들은 IT 표준 및 시스템 선정과 그 응용방안에 대한 조언을 제공할 책무를 지닌다.

국립기록보존소/국립기록청

국립기록보존소는 항구적 보존가치를 지닌 재무기록을 보존해야 할 책임의 표상이다. 또한 정부의 모든 재무기록을 그 생산 시점부터 관리되도록 해야 할 책무를 지닌다. 여기에는 재무기록의 안전한 보존 및 관리, 활용을 보장함으로써 여타 이해당사자, 특히 회계책임자 및 회계감사자의 업무를 보좌할 의무가 포함된다고 할 수 있다.

요약

2과에서는 공공분야의 재무기능에 관련된 주요 이해당사자들에 대해 개관하였다. 여기서는 이들을 정부의 수입·지출에 대한 책임성의 골간을 형성하는 상위단계 이해당사자들과, 재무관리시스템의 일상적 운용을 담당하는 실무단계 이해당사자들로 구분해 설명해왔다.

본 과에서 분석한 이해당사자들은 다음과 같다.

- 입법기관
- 집행기관
- 일반 대중
- 국제원조기구 및 상호협조기구
- 중앙은행
- 재정/경제계획기관
- 회계청
- 감사원
- 국세 및 관세, 기타 세입 징수기관
- 각 부처의 장
- 내부감사조직
- 중앙전산소 및 정보기술부서
- 국립기록보존소 및 국립기록청

학습과제

1. 우리나라 정부 재무시스템상의 이해당사자들을 나열하고 그 역할을 설명해 보자.

2. 이러한 이해당사자들간의 상관관계를 도표로 그려보자.

3. 정부기관들로 하여금 재정적 책임을 지닐 수 있게 하는, 우리나라 법령상의 4대 요소는 무엇인가?

4. 회계청과 감사원의 역할 차이는 무엇인가?

연습 : 조언

연습 3

본 연습문제는, 재무기록 및 그 관리에 영향을 미치는 이해당사자들에 대한 기존의 생각들을 본 과의 내용들과 비교하는데 일조할 것이다. 이에 대한 나름의 답을 본 과의 내용과 비교해 보고, 본 모듈에 대한 이후의 학습에 염두토록 하자.

.

재무관리시스템 :
업무기능, 절차 및 산출결과

3과에서는 공공분야의 재무관리를 구성하는 주요 업무기능 및 그 운용질차에 대해 살펴보려 한다. 종국적으로 이러한 기능 및 절차는 기록물로 귀결된다. 따라서 재무기록을 관리하기 위해서는 재무 행위 전반에 대한 이해가 핵심적 관건이라 할 수 있다.

산출결과로서 본 과에서 언급한 재무기록의 본질에 대해서는 다음 과에서 좀 더 상세히 논의토록 하겠다.

재무관리는 하나의 '시스템'이란 사실을 염두에 둘 필요가 있다.

시스템: 공통된 목적을 향해 기능하면서, 지속적인 상호작용을 통해 서로 협력하게 되는 전체 요소들에 대한 하나의 인식체. 시스템은 하위시스템 내지 기능(function), 절차(process), 활동(activity) 및 사안(task)으로 구성되어 있다.

기 능: 하나의 조직체 내지 시스템이 그 목적을 수행토록 해주는 장치

절차(1) : 시스템의 기능들이 수행되도록 해주는 장치

절차(2) : 하나의 조직체가 그 사업을 수행할 수 있도록 해주는 장치

시스템에 대한 보다 상세한 설명은 본 시리즈상의 『업무시스템 분석』 (Analysing Bussiness Systems) 을 참조하기 바란다.

재무관리시스템은 전세계 어디서나 대체로 유사하다. 따라서 본 과에서는 기능 및 절차에 대한 개론적 사항들을 설명토록 하겠다.

도표 3 : 법률적 구조하의 기능 및 절차

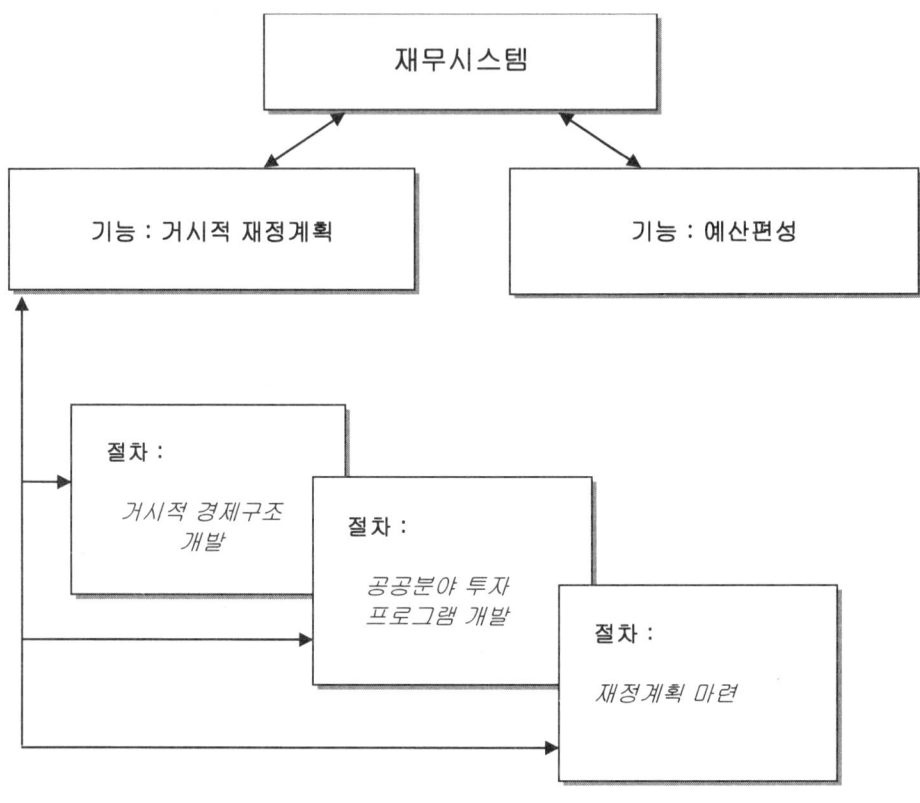

Ⅰ. 법률적 골격

재무관리시스템을 형성하는 기능 및 절차는 법률적 골격 내지 통제구조로부터 도출해야 함과 동시에 이러한 골격 내지 구조에 부합하게 설계되어야 한다. 여기에 수반되어야 할 사안들은 아래와 같이 몇 개의 단계로 구분해 볼 수 있다.

- 재무관련 법령 및 지침들은 재무관리 영역을 한정시키는데 일조한다. 재무상의 각종 지침들은 처리행위를 승인하고 문서화시킴과 동시에, 해당 목적을 위해 할당된 예산을 초과하지 않도록 하는 통제상의 세부사항들을 구체화시켜 준다.

- 정부에서 징수하는 세입은 합법적인 테두리 내에서 자금으로 전용되어야 하며, 또한 이러한 자금으로부터 지출되는 어떠한 경비도 공식적으로 법률에 의해 승인받아야 한다. 이러한 자금은 정부의 회계 및 이에 대한 보고행위의 근간을 형성하게 된다.

- 각종 규정, 행정지침 및 기타 업무적 관행들은 기능적 절차를 수행할 때 준수해야 할 업무표준 및 순서를 구체적으로 제시해 준다. 이에 대한 세부 내용은 다음과 같다.
  - 올바른 업무진행, 정확하면서도 완전한 기록물 생산 및 감사도구를 확보토록 하는, 문서작성 및 처리행위 단계에서의 통제
  - 힙법적으로 승인받은 당사자만이 정부를 기록, 수정함과 아울러 이를 보고할 수 있도록 하는 접근상의 통제
  - 사전에 수립한 절차상의 표준이 실현되도록 하는, 시스템 전반에 대한 통제

이러한 통제구조는 아래에서 설명된 주요 재무기능 및 절차상의 규정적 틀을 형성시키게 된다. 따라서 기록관리자는 실제 재무관리시스템 분석시 활용하게 될 관련 법률 및 규정, 기타 통제장치 등을 완벽히 꿰뚫고 있어야 한다. 또한 이들은 기록물 평가시에도 참작할만한 중요성을 지닌다. 이러한 모든 것은 정부내 어딘가에서 관리될 기록물로 작성될 것이며, 법률 등과 같은 경우에는 책자 형태로 간행될 수도 있다. 이와 같이만 된다면, 관련 법령, 규정 및 각종 통제장치들은 재무상의 기능들이 훌륭한 정부정책 및 업무수행과 그 맥을 함께 하도록 해줄 것이다.

2. 재무관리 : 주요 기능 및 절차

도표 4는 재무관리에 내재된 복합적인 상호연관 관계를 설명해주고 있다. 여기서는 모든 법률적 골격과, 이를 바탕으로 그 흐름을 유지하고 있는 관련 절차와의 상호관계를 제시해 준다. 이러한 절차들은 재무관리상의 다음과 같은 세 가지 측면에 관련되어 있다.

1. 예산 편성
2. 예산 집행 및 부문별 관리
3. 회계 및 감사

전체적 견지에서 볼 때 이들 절차는 예산 및 자금관리의 책임을 맡는 중앙기관에 의해 수행된다. 하지만 보다 세부적 차원에서 본다면, 이러한 절차들은 공공업무를 수행하는 예산집행기관에 의해 수행된다고 할 수 있다. 도표 4는 문서의 형태로 유통되는 정보들이 어떻게 중앙기관 및 예산집행기관을 가로질러 그 흐름을 유지하는지에 대해 여실히 설명해 주고 있다.

여기서 생산되는 기록물중 상당수는 주로 각종 영수증, 구매내역서 및 그 외 부수적 문서 등과 같은 회계기록들이다. 하지만 도표 4에서는 거시경제 정책문서, 예산관련 회람, 예산초안 및 승인안 등과 같이 정책적으로 중요성을 갖는 기록물 또한 생산되고 있음을 보여준다. 통제구조를 지원하는 기록물 역시 중요하다. 왜냐하면 이들 기록물은 공공분야 사업프로그램의 기반이 되는 정부정책의 이행 및 재무관리시스템의 세부적 운영에 대한 내용을 제공해 주기 때문이다.

도표 4 : 재무관리상의 상호연계 관계

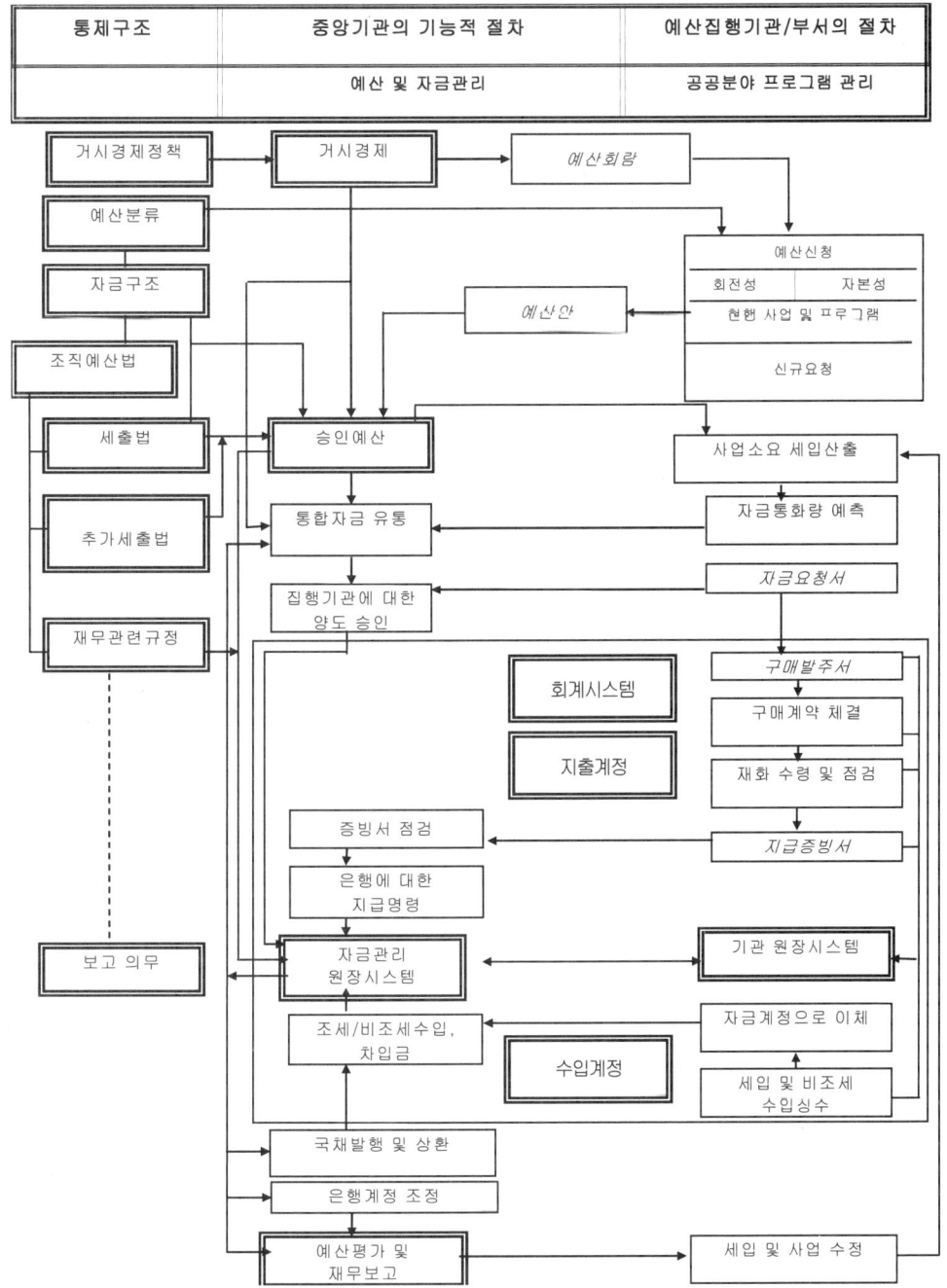

통제구조	중앙기관의 기능적 절차	예산집행기관/부서의 절차
	예산 및 자금관리	공공분야 프로그램 관리

<자료> PREM Network, *Public Expenditure Handbook,* The World Bank, 1998.6., p. 63.

제3과 재무관리시스템 : 업무기능, 절차 및 산출결과

45

3. 재무관리시스템의 기능

정부 재무관리시스템상의 주요 기능에 대해서는 도표 5와 관련지어 이해할 수 있다. 넓은 의미에서 본다면 이러한 시스템은 10개의 주요 기능으로 구분할 수 있다. 이들 기능은 상호 연관성을 유지하며 아래와 같은 재무관리사이클을 형성하게 된다.

1. 거시재정계획에서는 정책대상 및 이에 필요한 재원을 설정한 후, 수입 및 지출상의 향후 전략을 수립한다. 가령 재정정책 및 중기(中期) 지출계획의 예를 들어보자. 여기에는 구체적 사업목표 및 정책, 우선순위 등 뿐만 아니라 그 목표를 달성하기 위한 전략들이 포함되어야 하며, 계획기간 동안 소요될 재원에 대한 윤곽 및 동일기간 동안 수행되어야 할 영역별 운영계획 또한 구비되어야 한다. 바로 이것이 예산편성에 선행되는 첫 번째 단계이며, 여기에는 재무부 및 해당기관을 비롯하여 기타 중앙의 유관기관 역시 관여하게 된다.

2. 예산편성은 정책대상을 달성하는데 소요되는 재원의 배분 과정이다. 이것은 국가 경제 및 재정계획상의 관리도구이며, 계획된 사업대상에 대한 자금투입을 통제하는 역할 또한 수행한다. 이러한 예산편성 절차는 보다 장기적 안목의 거시적 계획과 연계될 때 가장 성공적으로 행해지게 된다.

3. 예산집행은 입법기관에 의한 예산승인에 뒤따르는 절차이다. 예산승인이 완료되면 특정 사업영역에 대한 실제 자금지원 및 지출항목이 발생되게 된다.

4. 예산감시 및 평가는 재정계획 및 정책영역을 수정보완토록 하는 방법을 제공해준다. 예산 집행과 회계업무간의 연계는 재무관리자로 하여금 가용재원을 수행사업에 효율적으로 활용케 하는 제어수단이라 할 수 있다.

5. 자금관리는 재무관리상의 핵심 영역으로, 현재의 자금보유량 및 향후 소요량에 대한 구체적인 청사진을 제시해준다. 여기서는 자금통화량예측 및 기타 재무보고상의 자료들을, 자금수지·정부부채·국채·지급만기일 등의 자료와 비교하게 된다. 대부분의 국가에서는 이러한 관리기능을 중앙은행 등의 고위기관에서 수행토록 하고 있다.

6. 채무관리에서는 외부 차입과 관련된 모든 거래행위를 관할하며, 채무 유지에 소요될 예측 비용을 산출하는 역할 또한 수행하게 된다.

7. 해외원조관리는 원조기관을 해당사업과 연계시키며, 아울러 사업교섭 절차를 관장한다.

8. 조세행정은 과세 및 세입(세금, 관세 등)의 징수 등과 관련된 각종 세제정책을 수행한다. 여기에는 인지세 내지 공공수수료 등과 같은 비조세수입의 산정 및 징수 기능 또한 포함된다고 할 수 있다.

9. 회계행정은 사업의 통제 및 자산 보호, 재무보고 준비, 관련 규정준수 등에 일조토록 하는, 회계관련 정보를 수집하고 분석하는 역할을 담당한다.

10. 회계감사는 재무관리상의 기능들을 통해 생산된 회계정보의 정확성 및 신빙성을 검증하는 업무이다.

이상과 같이 살펴 본 기능들은 정부 재무관리시스템 분석상의 근간을 형성한다. 이러한 각각의 기능들은 도표 5에 제시된 일련의 절차를 통해 실질적으로 수행되게 된다.

[연습 4]

도표 5를 살피기에 앞서, 지금까지 설명한 각각의 기능들에 대해 좀 더 숙고해 보도록 하자. 각자의 소속기관에서는 어떠한 기능을 담당하며, 그 외 기능들은 어느 부서에서 수행되는지를 살펴보고, 소속기관에서 수행되는 기능들에 대한 각각의 책임자를 찾아 보도록 하자. 이후 부서 내지 기관의 명칭을 작성한 다음, 아래에서 실례로 든 '연간 예산편성기능' 외의 두 가지 기능을 선정해 각 기능들에서 수행되어야 할 모든 절차들을 생각나는 대로 서술해 보도록 하자.

가령, 예산편성기능을 수행하기 위해 전제되어야 할 절차들은 다음과 같이 나열할 수 있다.

- 전체 예산액 결정
- 정부내 각 기관에 대한 명년도 예산 상한액 통지 및 기관별 사용처 모색
- 각 기관별로 제출받은 정보 분석
- 이러한 분석결과를 바탕으로 예산안 마련
- 입법기관 제출안 완성

각자의 작성내용 또한, 위의 사례와 같이 각 절차에 대한 간략한 설명을 첨부하는 방식으로 이루어져야 할 것이다. 마지막으로, 각자의 작성내용을 소속기관의 기능별 책임자들과 논의토록 해보자.

본 연습문제를 마치면 도표 5에 제시된 내용들과 비교토록 하자.

도표 5 : 재무관리 - 주요 기능 및 절차

기능	절차	산출결과 설명
거시경제 계획	거시적 경제구조 개발	국민소득, 저축, 투자 및 지급균형 부문의 성장률을 공공지출 부문과 연계시킨 경제구조
	공공분야 투자계획 개발	정부가 중기계획기간(3~5년)에 걸쳐 수행하려고 하는 투자 프로젝트의 목록화(관련 자료 포함)
	재정계획 수립	세입 및 기타 수입 예측, 추가수입의 측정, 내 · 외 차입재원 환산 및 현행 경비지출 추정 등을 제시하는 중기(3~5년) 운영계획
예산편성	기관 및 사업별 배정 예산 산정	거시경제계획에 기초해 연간예산과 중기 재정계획을 연계시킨, 기관 및 사업별 배정예산액 목록화
	예산상한액 및 편성지침을 반영한 예산신청회람 발행	경제전망, 포괄적 정책목표, 예산상한액 및 기관별 예산배정 기준 등을 수록한, 주무기관에서 발행한 회람
	연간 예산신청안 접수 및 검토	회계년도 집행을 위해 예산신청회람에 따라 작성된, 기관별 계획 및 사업제안서
	예산안 편성	기관별 신청안에 의거 공공분야 사업계획 초안 작성
	예산안 완성	입법기관 제출을 위해 주무부서에서 작성한 최종 예산안. 입법기관에서는 이러한 최종예산안의 전체적 골격을 검토하고, 예산요청 항목별 세부 제안서를 분석한 다음, 법령에 근거하여 해당 예산안을 최종 승인한다.
예산집행	지출계획안 작성	계획된 프로그램 및 사업에 근거한 기관별 지출계획안
	자금통화예측서 마련	회전성 및 투자성 지출예측에 기반한 연간 자금수요량에 대한 예측
	기관별 자금 양도	각 기관별 배정예산내 주기별 자금양도액을 승인하는, 재무부의 지급명령서 발행
	승인예산 수령/프로그램 및 사업 수행	
	급여 및 연금관리	

기능	절차	산출결과 설명
예산집행	재화 및 용역 조달. 이 절차는 다시 다음과 같은 하위절차들로 구분됨 • 재화 및 용역 신청 • 경비지출 승인 • 자금이양 • 구매발주서 발행 • 재화 및 용역수령 • 청구서/송장 접수 • 지급 승인	
	재화 및 용역 대금 결재	
	예산조정 및 추가경정예산 신청	특정 항목의 예산에 대한 다른 항목으로의 전용 요청 및 추가경정예산 신청
	예산배정액 조정	사업상의 우선순위 및 가용자금 현황을 반영한 배정예산 수정
	경비지출 승인 및 지출통제 수행	재무규정 내지 규칙의 준수 여부와 더불어, 배정예산 및 관련 자금의 적절한 활용도를 확인한 후 승인
예산감시 및 예산평가	재무보고서 작성	계획 예산과의 편차를 상세히 설명하고, 검토되어야 할 정확한 수치들을 제시해주는 보고서
	예산집행 감시 및 평가	
	기관별 프로그램 및 사업 절차 감시	실제 지출내역에 대한 주기적 점검 및 예산집행상의 지체 사유 내지 변동사항을 분석. 분석사항에는 관련 예산이 재무상으로 또한 실제적으로 집행되는가를 판단함과 아울러, 적재적소에 재배치되어 활용되는가를 진단한다.

기능	절차	산출결과 설명
자금관리	-자금통화량 및 예상수요량 감시 -국채의 발행 및 상환 여기에는 다음과 같은 하위절차들이 수반된다. • 기관별 지출계획 접수 • 조세징수기관에서 작성된 세입예측서 접수 • 총자금통화예측안 마련 • 세입징수 감시 • 자금 및 기간예금 만기일 감시 • 자금수지 감시 • 총자금통화량 감시 • 국채의 발행 및 상환 • 기관별 실제지출 보고서 접수 • 기관별 자금신청 접수 및 처리 • 기관별 자금 양도	자금수요량 및 가용자금 예측·현황보고, 정부 단기성예금 지급만기일에 관련된 사안 자료
채무관리	국채 발행	
	수령액 회계처리	
	채무상환 계획	
	채무상환	이자지급 및 원금상환을 위해 회계청에서 발행한 어음. 채무관리 정보는 경제 및 정책분석에 사용된다.
해외원조 관리	협조원조 유치	해당 사업과 원조기관간의 연계 및 사업교섭 관장
	분배 및 원조자금 회계처리	외부 차입금의 분배 및 상환 행위

기능	절차	산출결과 설명
조세행정	과세 및 세금징수 시스템 운영	실제 징수대상을 책정하는 세제정책의 수립 및 조세, 관세 등 이러한 정책을 통해 부과된 각종 세금 징수
	비조세수입 및 각종 공과금 징수시스템 운영	인지세, 사용세, 각종 공과금 내지 행정수수료 등과 같은 비조세수입 산정 및 징수
회계행정	수·지출시스템 운영	
	총계정원장 및 보조원장, 예산원장 관리 및 계정 조정	
	고정자산 회계관리	
	내역별 회계관리	
	각종 프로그램 및 사업별 비용 산출	세입, 지출, 공공부채 및 기타 고정자산 매각 등과 같은 재무상의 행위와 관련된, 정부의 모든 경제활동에 대한 회계 및 기록화
회계감사	정부 회계에 대한 감사	회계년도 내의 각종 사안에 대해 기관 자체적으로 수행하는 내부감사 및 회계년도의 최종 회계 현황에 대해 감사원에서 불시에 실시하는 외부감사

요약

본 과에서는 재무시스템의 개념 및 재무관리상의 기능들, 그리고 이러한 기능들을 완수하는데 수반되는 절차들에 대해 검토하였다. 재무와 관련된 법률적 틀은 재무관리상의 기본 원리를 형성시키는 근간이었으며, 재무관리상의 다양한 기능들을 구체화시키는 토대였다. 이러한 법률적 틀에 대해 본 과에서 살펴보았음은 물론이다. 또한 재무관리상의 부문별 기능, 절차 및 여기에 수반되는 산출결과들에 대해서도 분석하였다. 정부 재무관리시스템 내에서 이러한 기능 및 절차들은 어떠한 상관관계를 형성하는지에 대해서는 본문 중의 도표를 참고하기 바란다.

학습과제

1. 본문 중에 제시한 10가지 재무관련 기능들의 각각을 도표화시켜 보고, 각 기능들을 책임지는 기관들을 찾아보도록 하자.

2. 정부의 회계업무 규정집을 구한 다음, 소속 기관의 주요 회계행정 절차를 정부 규정집상의 관련 조항들과 비교, 검토해 보자.

연습 : 조언

연습 4

　본 연습문제를 마치게 되면, 본 과에서 제시된 것 이상의 절차들을 상당수 확인하게 될 것이다. 이는 모든 정부 내지 조직체에서 수행되는 나름의 고유 절차들을 본 과에서 모두 설명할 수는 없기 때문이다.

　본 연습문제를 소속 기관 담당자들과의 상의를 통해 해결하는 가운데, 각자 선정한 두 가지 기능의 결과물로서 생산된 기록물 유형에 대해서도 이들의 도움을 받아야 할 것이다. 이러한 기록물 유형에 대해서는 다음 과에서 구체적으로 논의하도록 하겠다.

　본 연습은 다소 시간을 요구한다. 각 기능 및 이에 수반되는 절차 사이의 상관관계를 파악하기 위해서는 어쩔 수 없다. 앞서 두 가지 기능만을 선정토록 한 것도 그만큼 많은 시간이 소요될 것으로 예상했기 때문이다. 각자 원한다면, 선택한 것 이외의 다른 기능들에 대해 검토해도 좋을 것이다.

재무관리 기능 : 정보시스템 및 기록물

앞선 3과에서는 재무관리시스템의 개요와 더불어 여기에 내재되어 있는 기능 및 절차들을 소개하였다. 그러면 본 과에서는 이러한 기능 및 절차들을 통해 생산된 기록물에 대해 분석해 보도록 하겠다. 이를 통해 재무상의 기능 및 절차와 관련하여 행해지는 정보의 유통구조 실상을 파악하는데 있어, 업무시스템 분석이 어떻게 활용될 수 있는지를 밝히고자 한다.

> 업무시스템을 분석하는 목적은 시스템 자체의 분석에 요구되는 기술적 사항들을 보다 심도있게 탐구하기 위함이다.

I. 정보의 유통구조

3과에서 검토한 각각의 기능 및 절차에는 투입요소로서 기록물을 필요로 하며, 산출결과로서도 역시 기록물을 생산하게 된다.

> **투입(Input)** : 특정 절차를 운용시키는데 필요한 요소의 총칭. 이러한 과정을 통해 투입은 하나 내지 그 이상의 산출로 변환된다.
>
> **산출(Output)** : 특정 절차에 대한 투입을 통해 생성된 결과물.

예를 들면, 각 기관에 공급된 상품납부 내역을 증명하는 납부증빙서는 회계시스템상의 투입요소가 되며, 그 산출결과는 상품공급자에게 발행한 어음이 된다.

이러한 투입 및 산출을 검토하는 방법 중의 하나는, 앞서 살핀 각 절차들과 관련된 정보의 유통양상에 대해 분석하는 것이다. 이해당사자들의 조언은 필수적이며, 또한 각각의 절차들은 관련 정보의 유통구조를 파악함으로써 보다 심도있게 분석될 수 있다. 이러한 분석은 실질적인 기록물의 통제 방안을 제시해주며, 종국적으로는 기록관리와 연관된 의사결정의

토대가 될 수 있다.

위의 분석사항들은 각 절차에 포함되는 세부단계들 및 이에 대한 간략한 설명문구를 삽입한 플로어차트로 작성될 필요가 있다. 각 기능에는 하나 내지 그 이상의 절차들이 내재해 있음으로, 차트를 완성시키기 전 그들 각각에 대해서도 분석할 필요가 있다. 기록물과 관련된 의사결정시 기록관리자는 이러한 모든 요소들 사이의 상관관계를 숙지하고 있어야 할 것이다.

다음은 이러한 분석적 접근의 전형적 사례로 삼을 수 있다.

어느 소규모 연방국가의 한 기록관리자는 납입관련 기록물의 관리를 개선시킬 필요에 직면하였다. 이에 그는 우선적으로 회계업무편람을 살피기 시작하였다. 물론 이러한 편람은 주요 회계기록의 종류 및 유형, 납입에 관련된 세부절차들에 대한 정보를 제공해 주는 귀중한 자료임에 틀림없다.

회계감사국은 재무시스템에 대한 정규감사의 한 과정으로 납입절차를 감사대상으로 선정하였고, 이에 기록관리자는 회계업무편람을 근거로 감사에 대비하였다. 그러나 그는 얼마안가 지금까지의 수고가 무용지물임을 알게 되었다. 이에 실제 시스템상의 납입절차를 추적함과 아울러, 각 단계마다의 업무담당자를 면담하였다.

이를 통해 도표 6의 플로어차트와 함께, 각 세부절차 및 절차별 생산기록물 그리고 문서화 관리방안을 도식화한 도표 7을 작성할 수 있었다.

이 기록관리자는 자신의 분석을 완료하기 전까지, 납입기능 수행에 요구되는 시리즈 확인에 필요한 대부분의 정보들을 이미 확보한 상태였다. 도표 7의 '기록물' 항목에 제시된 절차별 생산기록물은 대부분 시리즈 단위였다. 그는 마지막 작업으로 지금까지의 분석을 세밀히 가다듬었는데, 이는 시리즈를 세부적으로 한정시킴과 아울러, 컴퓨터파일 및 시스템문서 등을 포함한 모든 생산시리즈의 처리일정표를 작성하기 위함이었다.

도표 6 : 납입기능에 관련된 문서의 유통구조

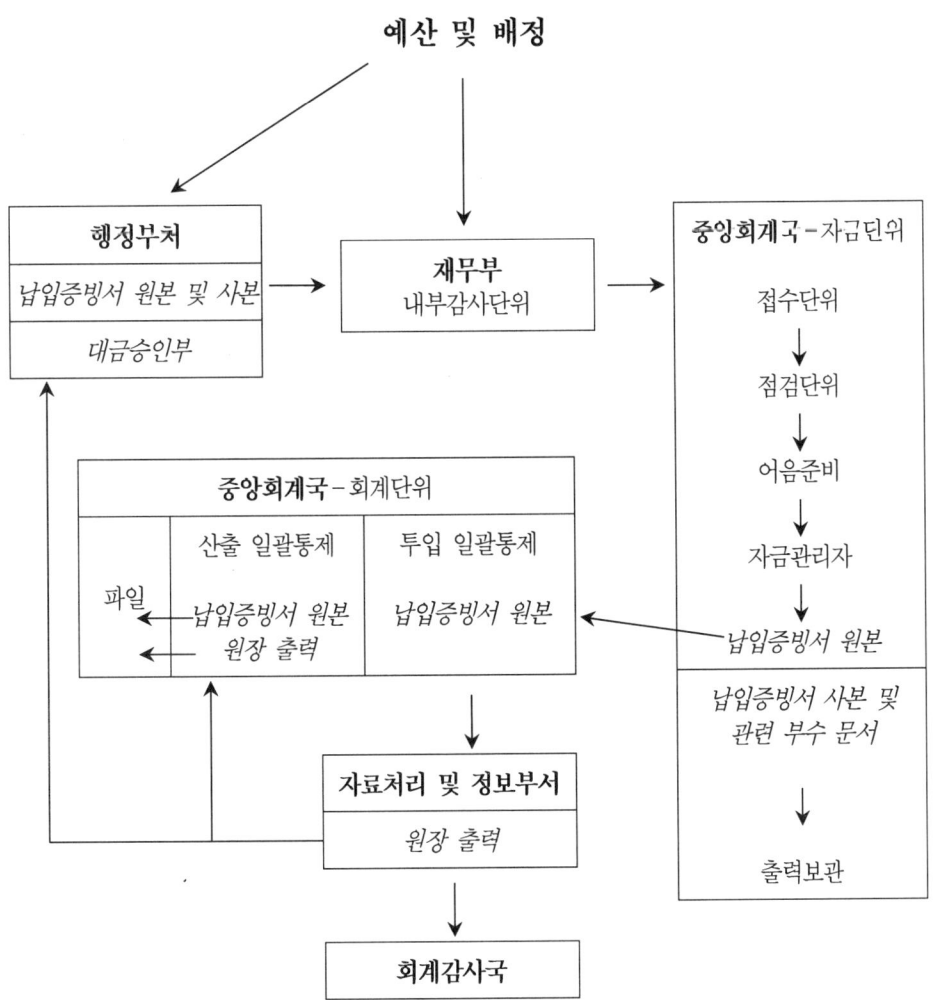

도표 7 : 납입기능에 관련된 문서화 과정 분석

■ 정부 부처

세부절차	기록물	문서화 통제
1.1 청구서 발행	각 부서별 청구서대장	일련번호화된 서식 업무단위별 발행
1.2 재화·용역 수령	• 국내구매발주서(LPO) • 소액계약서 • 클레임/소액현금전표	일련번호화된 서식 업무단위별 발행
1.3 납입 이행	납입증빙서 3부	부서별 참고번호 증빙서 일자 LPO 번호 계정과목 코드 업무단위별 발행
1.4 주원장 기입	대금승인부	회계청의 월별 출력자료와 업무단위별 보유 자료 비교 조정
1.5 내부감사단위로 발송	• 증빙서대장 • 납입증빙서 및 부수 문서 (청구서, 송장 등)	납입증빙서, LPO, 모든 부수문서의 원본 및 사본 수령사항에 대해 내부감사자가 서명날인한 증빙서대장

■ 내부감사단위

세부절차	기록물	문서화 통제
2.1 증빙서 접수	기관별 증빙서대장	내부감사단위에 의해 서명날인된 각 기관의 증빙서 일체
2.2 각 부서별 증빙서 등록	각 부서 등록부	수령일자 및 증빙서 참조번호
2.3 증빙서 승인/점검	납입증빙서	회계책임자가 서명한 증빙서, 일자 인장
2.4 가용자금 확인	결재관리대장	결재관리대장 내부감사단위 보유
2.5 국내구매발주 비준	LPO 기입장	LPO 기입장 내부감사단위 보유
2.6 재무부 일일 자금 통화량 확인	일일 증빙기입장	증빙서 참조번호와 함께 일자순 관리 내부감사단위 보유
2.7 자금관리단위로 증빙서 이관	증빙서 목록/대장	일련번호 기입 납입증빙서, LPO 및 모든 부수문서(청구서, 송장 등)을 자금관리단위로 이전 자금관리단위의 서명날인

■ 자금관리단위

세부절차	기록물	문서화 통제
3.1 아래로부터 증빙서 접수 • 내부감사단위 • 특별회계 및 독립회계부처 • 산하 자금관리계	내부감사단위의 증빙서 목록/대장 회계단위의 증빙서 목록/대장 투입 일괄처리문서	모든 증빙서에 대한 접수인 날인 및 등록부에 기재
3.2 문서 작성	접수문서 등록	접수일자별, 납입증빙서 연번별 등록
3.3 점검단위로 이관	접수문서 등록	업무단위별 서명날인
3.4 증빙서 접수기록	각 부처별 증빙서 관리서식/대장 • LPO 및 소액계약서 • 급여 및 수당 등 주기성 지급 • 특별회계 및 독립회계, 대여금, 법정 예치금	납입증빙서 연번별 관리
3.5 지급거부증빙서 회송	지급거부증빙서 대장	일자 및 구매증빙서 연번 기재 원발급자의 서명날인
3.6 납입증빙서 처리 • 해외지급 및 회계단위의 특별회계 • 타자에 대한 어음 준비 • 현금관리자의 300$ 이하 지급	증빙서 관리서식/대장	회계단위, 어음발행자 및 현금관리자의 서명날인
3.7 어음 발행	어음 부수문서 현금출납부(어음지급)	현금관리자가 작성한 현금출납부를 기반으로 자기지급증빙서에 참고번호 부여 증빙서에 '지급' 인장 날인
3.8 현금관리자 및 회계단위로 이관	어음, 납입증빙서 사본, 부수문서 현금출납부(어음지급) 및 납입증빙서 원본	어음의 현금지급분에 대한 현금관리자의 서명날인 대장상의 문서에 대한 회계단위의 서명날인

■ 현금관리자

세부절차	기록물	문서화 통제
4.1 어음 결재	납입증빙서 사본 및 부수 문서	자기지급증빙서 연번 순으로 편철, 보관
4.2 현금지급	현금출납부(현금지급)	회계단위로 발송

■ 회계 단위

세부절차	기록물	문서화 통제
5.1 자료처리 준비	지급현금출납부 현금시산부 급여 및 수당 현금출납부 투입 일괄통제서식	어음관리대장 및 서명날인 계정과목 코드순 증빙서 일계 조정 (배치(batch)당 40 이하) 배치번호, 자기지급증빙서 연번 및 문서번호
5.2 월말 자료처리·정보 단위(DPI)로 이관	대장	대장상의 배치번호 조정 컴퓨터 운용자의 서명날인
5.3 컴퓨터 처리과정 점검	결재코드 및 배치/증빙서별 원장 출력	증빙서 대비 모든 기입사항 체크 배치번호순에 따른 월별 납입증빙서원본 보관

이상과 같은 분석방식은 기타 재무기능에 관련된 모든 절차에도 적용시킬 수 있다. 다음의 도표 8 및 도표 9는 기관별 수입에 대한 회계상의 세부절차들에 대해 동일한 분석방식을 적용시킨 결과이다. 대부분의 정부 기관에서는 면허발급 내지 간행세 부과 등 다양한 방식으로 자체내의 수입을 거두어들이고 있다. 정부의 주요 수입원은 물론 세입 및 관세 등 각종 조세항목들이다. 이러한 주수입원은 각 기관 자체의 수입원들과는 다른 절차를 통해 수령하게 된다. 부처내 수입의 기록을 위한 절차 분석은 곧 부처내 산하 단위의 활동을 분석하는 단계로 까지 환원될 수 있다. 이러한 절차들은 각기 일련 번호가 매겨지며, 산하 단위의 세부절차들에는 다시 하위번호가 부여된다. 이러한 번호부여 방식에는 특별한 규칙이 있는 것은 아니지만, 일련화시키는 것이 보다 편리할 것이다. 이와같은 분석은 결국 여러 행정단위들을 관할하는 레코드키핑시스템을 통해, 각 절차별로 생산되는 기록물을 포착케 함과 동시에 상호간의 유기적 관련성을 파악할 수 있게 한다. 이는 곧 생산단계 내지 그 이전부터의 평가 결정 행위가 보다 용이해 짐을 의미하는 것이다.

도표 8 : 문서화 과정 분석 – 세입 및 각종 수입

1. 부처

세부절차	기록물	문서화 통제
1.1 수납증 발행	3중일반수납장(GTR)	자금관리단위(회계단위)에서 발행한 GTR 수납관리자의 서명날인 및 일련번호가 부여된 수납장 발행증
1.2 현금 및 어음수납	GTR - 공식수납 수입증빙서 (AGF2)	납부자, 수납파트, 수납대장에 각기 1부씩 배부, 보관 AGF2에 부처참조번호 부여
1.3 현금출납부 기재	수입징수자의 현금출납부	GTR 및 AGF2로부터 기입

2. 자금관리단위 수령계(TURS)

세부절차	기록물	문서화 통제
1.4 • 중앙은행에 대한 지급 • 산하자금관리계에 대한 지급 • TURS에 대한 지급	당좌예금입금표 산하자금관리계 현금출납부 TURS 현금출납부 AGF2	• 은행의 서명날인 • 산하자금관리계 현금출납부에 수납내역 기재 • TURS 현금출납부에 수납내역 기재
1.5 중앙은행으로의 수입 이체 GTR, 현금출납부, 당좌예금 입금표를 TURS에 제출	GTR 현금출납부 당좌예금입금표 AGF2	현금출납부 및 GTR 대비 TURS의 당좌예금 입금표 체크, 점검날인
1.6 중앙은행으로의 수입 이체 GTR, 현금출납부, 당좌예금 입금표를 TURC에 제출	GTR 현금출납부 당좌예금입금표 AGF2	현금관리자의 영수증 발행 TURC 현금출납부에 영수증 첨부 자금영수증(TRV) 연번부여 및 증빙서에 기재 AGF2 사본 및 부수문서에 TRV 연번부여

3. 회계단위

세부절차	기록물	문서화 통제
1.7 회계단위 : 자료처리 준비	현금관리자의 현금출납부 산하자금관리단위 현금출납부 TURS 현금출납부 투입일괄처리 AGF2 원본 수령	현금출납부와 증빙서 대조 및 조정 대장상에 배치연번 할당 및 기재
1.8 월말 자료처리·정보 단위(DPI)로 이관	대장 및 증빙서	대장상의 배치연번 조정 컴퓨터 운용자의 서명날인
1.9 컴퓨터처리 점검	결재코드 및 배치, 증빙서를 통해 원장 출력	증빙서 대비 모든 기입사항 체크 배치연번순에 따른 월별 AGF2 원본 보관

도표 9 : 문서화 과정 개략 – 세입 및 각종 수입

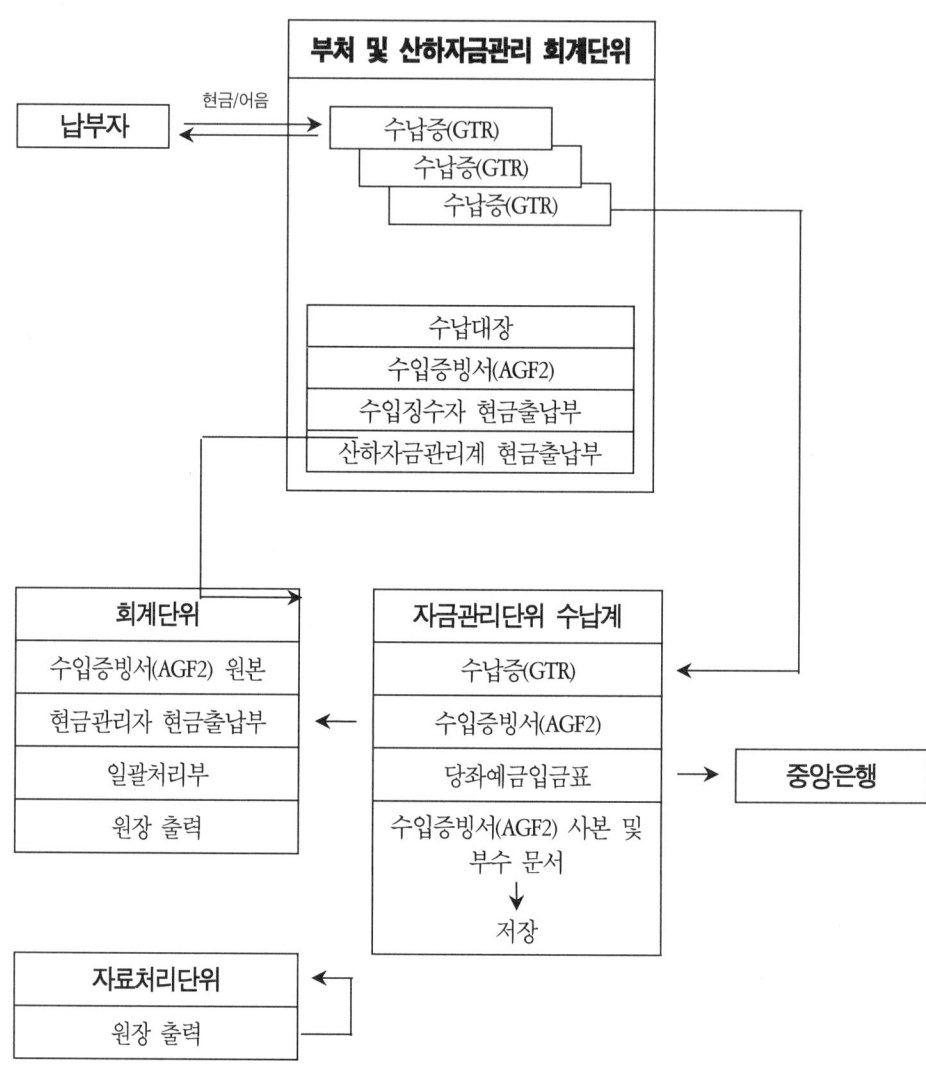

회계는 재무관리시스템의 핵심으로, 정부 재무관련 기록물 가운데 상당 부분을 차지하게 된다. 도표 10은 회계기능 내에서 찾아볼 수 있는 주요 기록물 및 정보의 유통 양상을 도식화한 것이다. 단 본 도표는 종이기록물과 전자기록물이 공존하는 상황을 염두에 둔 것이며, 정부 형태 역시 소규모 연방국가를 상정해 만든 것이다. 도표상의 이탤릭체 글자는 생산기록물을 의미하며, 화살표는 정보의 흐름 방향을 가리킨다.

도표 10 : 회계기능 내에서의 문서화 과정

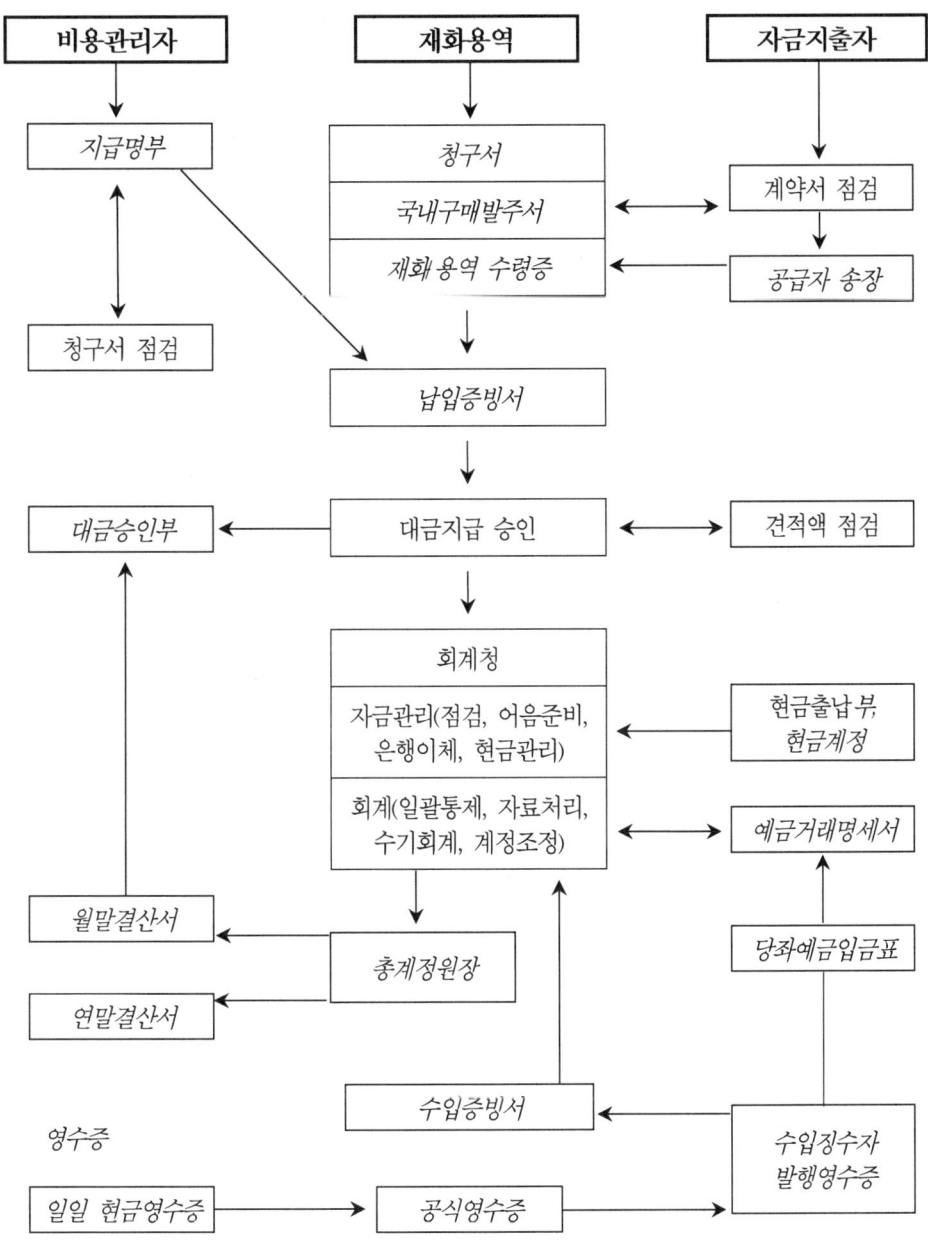

이상과 같은 분석과정은 나아가 재무관리상의 어떠한 영역으로도 확대, 응용될 수 있다. 도표 11은 재무관리상의 주요 기능 및 이와 관련된 다음에 대한 개요를 제시해 준다.

- 정보시스템
- 필요로 하는 주요 기록물 투입내역
- 생산된 기록물 산출내역
- 주요 이용자 내지 시스템 수혜자(이해당사자)

공공분야의 재무관리는 매우 복잡한 양상을 지니며, 동일 기능의 수행에도 상이한 시스템이 사용될 수 있다는 점을 염두에 둘 필요가 있다. 가령 조세행정 기능에는 최소한 세금행정시스템과 관세행정시스템이라는 두 가지 상이한 시스템이 운영될 것이다. 대부분의 국가에서는 이들 시스템을 전산화시켰지만 수작업으로 운영하는 나라들도 있을 것이며, 아니면 양자 모두를 병행하여 사용하는 나라도 있을 수 있다. 어떠한 세금 및 관세를 징수할 것인가를 결정하기 위해서는 거시경제지표 관련문서와 아울러 재정계획 및 예산관련 기록물을 이용하게 된다. 세금 및 관세징수 절차를 관리하기 위해서는 이들 시스템을 활용케 되며, 그렇다면 이들 시스템에 의해 생산된 가장 중요한 기록물은 세금 및 관세수입에 대한 기록물이될 것이다.

도표 11에 제시된 각 기능들에서는 방대한 양의 기록물을 양산해 낸다. 이에 본 도표에서는 정부의 모든 재무관리 기능에 대한 윤곽을 한 눈에 파악할 수 있도록 목록화시켰다. 기록관리자들은 가급적 본 도표를 철저히 숙지토록 해야 할 것이다. 이들 시스템을 바탕으로 기록물을 생산할 재무담당자들과의 대화시 의미있는 교감을 이끌어낼 수 있기 때문이다.

기록관리프로그램의 설계시 각 기능들의 연관 절차를 분석해야 할 필요가 있다. 도표 11은 기록관리자가 이러한 공정을 계획하고 세부적 분석작업상의 우선순위를 가늠하는데 도움을 줄 것이다. 또한 기록물을 생산하는 메인시스템을 파악함과 아울러 이들을 보다 광범위한 재무영역에 연관시킬 수 있도록 해 줄 것이며, 조언을 구해야 할 핵심 이해당사자를 분별하고 중요기록물의 범주를 파악케 하는데에도 일조할 것이다.

그러면 다음의 활동사항을 완성한 후, 본 도표에 제시된 내용과 비교해 보도록 하자.

[연습 5]

도표 11을 살피기 전 우선, 연습 4에서 각자 선정한 두 기능의 수행에 수반되는 절차들을 검토한 후 다음의 사항들에 대해 확인토록 하자.

- 이들 기능을 지원하는 주요 시스템(이러한 시스템의 명칭 및 전산화 여부)
- 필요로 하는 주요 기록물 투입요소(절차 수행에 수반되는 기록물)
- 생산된 기록물 산출내역(절차 수행을 통해 생산된 기록물)
- 주요 이해당사자(시스템의 사용자 내지 수혜자)

예를 들어, 회계년도 예산편성 기능을 수행하는데 수반되는 절차들을 살펴 보도록 하자. 이러한 절차수행에 필요한 기록물은 다음과 같다.

- 거시경제구조 관련문서
- 공공부문 투자계획서
- 재정계획서
- 공공부문 사업계획서
- 경비지출보고서(전년도)
- 재정보고서(전년도)
- 예산 편성 및 상한액 지침
- 기관별 예산신청서
- 예산안

위의 절차들을 통해 생산된 기록물은 다음과 같다.

- 부문별, 사업별 예산신청에 대한 예산배정 초안
- 기관별 예산신청서
- 예산안
- 승인예산서

주요 이해당사자들은 다음과 같다.

- 재무부 예산과
- 자금관리부서
- 담당기관
- 입법기관
- 국가계획청
- 중앙은행
- 조세징수기관
- 행정부
- 국제원조기구
- 기록관리기관

투입·산출요소 및 이해당사자들에 대해 각자 작성한 목록은 이와 유사해야 할 것이다. 본 연습문제를 소속 기관내 다양한 재무관리 절차들을 수행하는 담당자들과 함께 논의해 보는 것도 좋은 방안이 될 수 있을 것이다.

도표 11 : 재무관리 – 주요 정보시스템 및 관련 기록물

기능	주요 정보시스템	기록물 투입	기록물 산출	관련자
거시 재정 계획 수립	거시경제 예측시스템	외부경제자료/공공부문사업계획서/재정보고서(전년도)/지출보고서(전년도)/회계자료/세입징수자료/비조세수입징수자료/국내차입자료/국외차관승인자료/ 국제원조기관차관승인자료/채무관리계획안/행정보충자료/급여·수당자료	거시경제구조지침서/공공부문투자계획서/재정계획안	주무기관 - 재무부 - 재무부 예산과 - 국가계획청 유관기관 - 자금관리부서 - 중앙은행 - 조세징수기관 - 기록관리기관
예산 편성	- 예산편성시스템 - 지출기관 예산 편성시스템 - 공기업 예산 편성시스템 - 조세시스템 - 관세시스템	거시경제구조관련문서/공공부문투자계획서/재정계획안/공공부문사업계획서/지출보고서(전년도)/재정보고서(전년도)/예산편성 및 상한액지침/기관별예산청구서/예산안	부문별·사업별 예산배정안/기관별 예산청구서/예산안/승인예산서	주무기관 - 재무부 예산과 - 자금관리부서 - 담당기관 - 입법기관 유관기관 - 국가계획청 - 중앙은행 - 조세징수기관 - 행정부 - 국제원조기구 - 기록관리기관
예산 집행	- 예산집행 및 재무보고시스템 - 정부회계시스템 - 지출기관예산 집행시스템 - 공기업예산 집행시스템 - 급여 및 연금시스템 - 개인정보시스템 - 구매시스템	경비지출보고서/공공부문사업계획서/재정보고서/재정계획서/공공부문투자계획서/승인예산서/자금통화량예측서/계약서/구매요청서/지출예산서/입찰기록/계약자사업성적보고서/ 목록문서/개인이력서/지급문서/지출승인서/거래위임서/송장/증빙서/선적서/물품내역서/수령보고서/지급승인서	경비지출계획서/예산인가서/구매발주서/조달처리서/납입증빙서/납부수령처리서/비목변경요청처리서/지출승인서	주무기관 - 재무부 예산과 - 자금관리부서 - 담당기관 유관기관 - 국가계획청 - 중앙은행 - 조세징수기관 - 행정부 - 국제원조기구 - 기록관리기관

기능	주요 정보시스템	기록물 투입	기록물 산출	담당자
예산 감시 및 예산 평가	- 투자사업 감시시스템 - 공기업 감시시스템 - 지출기관 투자사업 감시시스템	승인예산서/공공부문사업 계획서/재정계획서/ 공공 부문투자계획서/거시경제 구조관련문서지침서/재정 보고서	재정보고서/지출 보고서	주무기관 - 재무부 예산과 - 자금관리부서 - 담당기관 유관기관 - 국가계획청 - 중앙은행 - 조세징수기관 - 행정부 - 국제원조기구 - 기록관리기관
자금 관리	자금관리시스템	자금통화예측서/재정보고 서/경비지출보고서/국내 차입자료/승인예산서/공 공부문사업계획서/재정계 획서/거시경제구조 관련 문서	유동성현황서/정 부채권발행 및 상 환관련자료	주무기관 - 재무부 예산과 - 자금관리부서 - 담당기관 유관기관 - 조세징수기관 - 행정부 - 기록관리기관
채무 관리	채무관리시스템	재정계획서/공공부문 투 자계획서/재정보고서/지 출보고서/정부채권발행및 상환 관련자료/승인예산 서/공공부문사업계획서	국내차입 관련 자료	주무기관 - 자금관리부서 유관기관 - 재무부 - 재무부 예산과 - 국가계획청 - 중앙은행 - 기록관리기관

기능	주요 정보시스템	기록물 투입	기록물 산출	담당자
해외 원조 관리	해외원조조정 시스템	공공부문투자계획서/재정 계획서/승인예산서/공공 부문사업계획서/해외차관 및 승인 등 관련자료	해외차관·원조 인가서/해외원조 지출 및 상황 내 역	주무기관 - 자금관리부서 - 국가계획청 유관기관 - 재무부 - 재무부 예산과 - 중앙은행 - 기록관리기관
조세 행정	- 세금행정시스템 - 관세행정시스템	거시경제구조관련문서/재 정계획서/승인예산서	조세수입 및 징수 자료/비조세수입 및 징수자료	주무기관 - 조세징수기관 유관기관 - 재무부 - 재무부 예산과 - 재무위원회 - 국가계획청 - 중앙은행 - 기록관리기관
회계 행정	정부회계시스템	승인예산서/공공부문사업 계획서/재무처리서/정부 수납·지급내역 관련자료 /지출승인서	대차대조표/시산 표/총계정원장/ 보 조원장/수입회계 원장/지출회계원 장/고정자산회계 원장/지출회계보 고서	주무기관 - 재무부 예산과 - 재무위원회 - 담당기관 유관기관 - 기록관리기관
감사	감사시스템	사업계획서/정부회계부· 원장·거래내역서/감사계 획서/자산 및 부채내역서	감사보고서	주무기관 - 감사원 유관기관 - 담당기관 - 기록관리기관

요약

재무관리시스템은 투입요소로서 기록물을 필요로 하며 아울러 그 산출결과로서 기록물을 생산해 낸다. 기록물 내지 문서화 관련 통제장치들이 어떻게 광범위한 범주의 재무관리시스템 안에서 기능하는지를 파악하기 위해서는, 개별적 절차들에 대한 기록관리자의 상세한 분석이 요구된다 할 수 있다.

이에 본 과에서는 각 절차에 수반되는 기록물을 유추해 분석하는 방법을 제시함과 아울러, 재무관리를 구성하는 다양한 기능들과 연계시킬 수 있는 방안을 설명코자 하였다.

학습과제

1. 왜 재무관련 기능 내의 정보유통 양상에 대해 분석해야 하는가?

2. 정보유통의 양상을 분석하기 위해 각자 필요하다고 판단되는 단계들을 기술해 보도록 하자.

3. 소속기관 내의 승진에 따른 급여조정 과정과 관련된 업무절차, 관련 기록물 및 문서화 관리방안을, 관계 부처가 이에 대한 지침을 하달하는 관점에서 작성해 보자.

4. 이러한 절차들을 도표화시켜 보자.

5. 도표 6의 납입기능과 관련된 문서의 유통구조를 예로 들어, 위에 필요한 투입기록물 및 산출기록물을 파악해 보도록 하자.

연습 : 조언

연습 5

본 연습문제의 결과를 도표 11의 내용과 비교해 보자. 도표 11에 제시된 것 이상의 기록물을 발견할 수도 있을 것이며, 또한 도표와는 다른 종류의 이해당사자들을 찾아낼 수도 있다. 이는 곧 문서의 종류는 각 정부 내지 기관 나름의 고유상황을 반영하며 생산된다는 사실을 반증하는 것이라 할 수 있다.

본 연습문제 역시 다소 시간을 요할 수 있다. 각 기능, 절차 및 이에 수반되는 기록물 사이의 상관관계를 이해하기 위해서는 어쩌면 당연한 일일 수도 있다. 앞서 두 가지 기능만을 선정토록 한 것은 바로 이러한 이유에서였다. 각자 원한다면, 다른 기능들에 대해서도 검토해 보도록 하자.

복합된 종이 · 전자적 환경하에서의 재무기록물관리

재무기록과 관련된 기록관리자라면 종이기록물과 전자기록물이 병존하는 상황에 직면하게 된다. 일반적으로 재무관리 기능가운데 제일 먼저 전산화되는 부문은 급여지급 체계이다. 이는 업무의 변동폭이 거의 없는 고성화된 설자를 지니고 있을 뿐만 아니라, 전산화에 따른 효과 역시 지대하기 때문이다. 회계관리 및 채무관리시스템 역시 전산화의 1순위 대상이다. 이러한 시스템들에서는 종이기록물과 전자기록물이 함께 생산된다. 하지만 전자기록물은 보통 장기보존의 대상이 아닌 경우가 일반적이다. 이러한 점을 감안할 때, 기록관리자는 실제업무상 종이기록물의 투입 및 산출 관리에 주안점을 두어야 할 것으로 사료된다.

일부 국가에서는 컴퓨터에 기반하며 재정 재원의 계획 · 처리 · 보고체계가 상호 유기적 관계로 설계된 통합재무관리시스템을 구축해 왔다. 이러한 통합시스템에 대해서는 다음 과에서 별도로 논의토록 하겠다.

재무기록은 몇가지 측면에서 여타 일반기록물과는 다소 상이한 성격을 지니지만, 이들 기록물 역시 기관 전체의 기록관리정책 틀 속에서 관리되어야 할 것이다. 모든 기관에 일률적으로 적용시킬 수 있는 재무기록관리시스템은 있을 수 없다. 기관마다 각기 나름의 업무 내역 및 필요사항, 계정항목들을 지니기 때문이다. 그러나 종이기록물과 전자기록물이 병존하는 상황하의 일반적인 시스템모델은 상정해 볼 수 있으며, 본 과에서는 이를 토대로 해 논의를 전개토록 할 것이다.

여기서는 우선 재무기록관리에서 전산화가 지니는 의미를 살펴본 다음, 종이기록물과 전자기록물이 함께 공존하는 환경 속에서 재무기록을 관리하는데 수반되어야 할 단계들을 분석해 보도록 하겠다.

1. 재무기록물관리상의 전산화 의미

전자적으로 생산된 개별 정보를 보호하며 유용한 형태로 가공하는 것은 다소 어렵다. 전자기록물을 관리한다는 것은 바로 이러한 문제들에 대해 세부적으로 탐구하는 것 그 이상도

이하도 아니다. 아래의 사항들은 지금까지 전자기록물의 관리상에 영향을 미쳐 온 주요 요소들을 간추린 것이다.

- 전자적 저장매체는 파손이 쉽고 시간의 경과에 따라 변화된다.
- 향후 전자기록물에 수록된 내용을 파악하기 위해서는, 이들 기록물에 대한 충분하면서도 정확한 생산맥락상의 구조적 정보가 전제되어야 한다.
- 기술적 변화는 곧 컴퓨터로 생산된 10년전의 기록물들이 오늘날에는 활용될 수 없음을 뜻한다. 따라서 이들 기록물에 대한 향후의 활용성을 확보하기 위해서는 주기적으로 새로운 컴퓨터 시스템내에 업그레이드시켜야 한다.
- 전자기록물을 완전무결한 상태로 관리하는 책임은 무주공산인 경우가 많다. 이것은 곧 이들 기록물에 대한 적절한 관리가 어려움을 의미한다.

전형적으로 자동화에 수반되는 문제는 세 가지 영역에서 떠오른다. 먼저 전자기록물의 유지 문제이다. 전자기록물은 이들이 생산된 컴퓨터환경에 전적으로 의존하며, 따라서 생산 당시의 컴퓨터가 기능을 멈출시 이들 기록물은 활용될 수 없게 된다. 두 번째는 이들 기록물에 대한 접근 통제의 문제이다. 컴퓨터만 있다면 정보에 대한 접근이 누구나 가능한 세상임으로, 이들 정보에 대한 접근 권한을 승인받은 관련자만으로 한정시킬 필요가 있다. 그렇지 않다면 승인없이 접근하여 수정하거나 도용할 위험이 존재하게 될 것이다. 세 번째는 기록물의 변조 문제이다. 컴퓨터기록은 쉽게 고칠 수 있을 뿐만 아니라 수정여부도 외관상으로는 파악이 불가능하기 때문에, 공식기록물은 항시 이러한 변조행위로부터 보호될 필요가 있다.

전자기록물에 대한 관리조치를 수행치 않는 기관에서는 다음을 포함한 수많은 문제들이 발생될 것이다.

- 통제 불가능할 정도의 기록물 및 각종 자료의 산적
- 기록물 및 각종 자료의 부주의한 폐기
- 부정한 방식의 변조행위
- 시스템의 기록물 생산과정 및 이와 연관된 생산맥락상의 구조적 정보(일명 메타데이터)의 부재

> **메타데이터**(*Metadata*) : 해당 기록물의 생산, 관리, 활용 및 보존 등에 이용된 기술적, 행정적 내역들을 설명하는, 기록물 자체에 대한 정보

전자기록물의 부적절한 관리에서 연유하는 결과들은 다음과 같다.

- 비체계적이며 비합법적으로 행해질 대규모의 기록물폐기 위험성 증가
- 가치있는 업무상의 현용기록물 내지 영구보존기록물의 소실
- 보안사항의 누출 위험성 증가
- 기록물의 불법 변조 내지 멸실(증거의 소실)
- 공공업무의 장애
- 업무 절차상의 불필요한 지체 내지 중단
- 공적 책임성의 결여
- 시스템 마비 내지 정보열람 곤란

원론적으로 기록관리자는 다음과 같은 기본적인 질문사항에 대해 나름의 답을 준비해야 할 필요가 있다.
1. 재무시스템에서 전자기록물이 생산되고 있는가?
2. 기록물을 전자적으로 관리해야 할 필요가 있는가?
3. 매체 및 소프트웨어, 하드웨어의 구식화(舊式化)로, 필요시 활용이 불가능하게 될 위험은 없는가?
4. 필요한 모든 정보는 시스템으로부터 출력이 가능한가?

앞서 언급한 급여지급체계 등의 자동화된 시스템은 일반적으로 대량의 업무들을 고정된 방식으로 처리하게 된다. 여기서 생산된 기록물은 보통 장기간의 보존을 필요로 하지 않는다. 회계감사가 완료되고 규정상의 보존기간이 종료된 후에는 대개 해당 생산자의 활용 역시 끝나 버리기 때문이다. 대개 이들 기록물 중에는 항구적인 문화적 가치 내지 역사적 가치를 지닌 것들이 거의 없다.

실제 업무상 기록관리자는 전산시스템상의 투입·산출요소를 구성하는 종이기록물 및 계약서, 정책문서 등과 같은 관련 기록물 관리에 주안점을 두기 쉬우며 두어야 할 필요도 있다. 그럼에도 불구하고 전자기록물은 종이기록물과 함께 보존 내지 처리를 위해 스케쥴화되어야 한다. 앞으로 전자기록물은 재무기록물이 보존케 될 주요 매체유형으로 자리하게 될 것이며, 따라서 기록관리자 역시 여기에 대처할 수 있는 능력을 개발해야 함은 물론이다.

2. 전자기록물 관리자의 역할 및 책무

전자적 환경하에서도 기록관리의 기본적인 원리는 종이환경과 매한가지라 할 수 있지만, 그 관리상 요구되는 기술적 측면은 상이한 양상을 보인다. 캐나다의 기록학자인 테리 쿡 (Terry Cook)은 이에 대해 다음과 같이 언급하고 있다.

> … 우선 기록관리자는 전자적 정보의 물리적 실체를 생산·관리·축적하는 방안보다는, 자체내의 구조 및 내용, 생산맥락을 부여해 주는 논리적 패턴의 파악에 주력해야 한다. 이는 결국 전자적 정보가 '기록물' 내지 특정행위에 대한 증거로서의 의미를 갖게 하는 길이라 할 수 있다.[1]

전산시스템 내지 종이·전자적 환경이 복합된 상황에서 기록물을 관리하기 위해서는 정보기술 전문가와의 새로운 관계설정이 요구된다. 일반적으로 재무기록관리를 위한 전산화 도입 여부의 결정은 고위관리자 수준에서 정보기술자의 조언을 수렴하여 이루어진다. 전산재무시스템의 개발 및 도입에는 재무관리자 및 정보기술자, 기록관리자를 망라하는 협력관계가 필요하다. 이러한 시스템의 실제 사용자인 재무관리자는 자체적인 요구사항을 반영시킬 필요가 있다. IT시스템 프로그래머는 실제 시스템의 개발 및 소개 그리고 향후 업그레이드를 담당하게 될 것이다. 마지막으로 기록관리자의 역할은 시스템 설계에 대한 보다 장기적인 안목에서의 의견제시와 더불어, 기록관리의 원리가 시스템에 반영될 수 있도록 하는 것이다.

그동안 대부분의 국가에서 기록관리자들은 재무기록 관리업무에서 배재되어 왔다. 이러한 이유로 인해 기록관리를 새로운 영역으로 확대할 시, 기록물의 관리 및 통제주체를 둘러싼 수많은 갈등요소들이 발생하게 된다. 기록관리자, 회계담당자, 감사담당자의 역할 및 책임은 상호 보완적 관계를 형성한다. 하지만 각각의 책무 범위는 명확히 구분해 명문화시켜야 하며, 아울러 서로간의 업무영역에 대해서도 파악해야만 한다.

기록관리 책임자에 부여되는 권한 및 책무의 범위는 기록관리편람들 속에 명확히 설정되어야 한다. 이러한 편람들은 모든 관련자들에게 유포되어야 하며, 아울러 재무 및 회계담당자에게는 해당 업무를 뒷받침해주는 기본적 업무지식으로 숙지토록 권고되어야 할 것이다. 편람상의 명문 조항들 속에는 기록관리 절차 및 재무기록에 대한 그 적용방안을 명확히

---

1) Terry Cook, "Electronic Records, Paper Minds: The Revolution in Information Management and Archives in the Post-Custodial and Post-Modernist Era", *Archives and Manuscripts* 22(November 1994) : 302.

규정시켜야 한다. 재무지침 및 회계, 감사관련 편람 역시 기록관리상의 주요 사항들을 반영하고 있어야 한다. 기록관리 절차는 감시되고 정기적으로 개정되어야 하며, 아울러 직원교육을 통해 기록관리의 원리 및 방식을 소개해야 할 필요 또한 있다.

이를 위해서는 우선 기록관리자가 재무기록관리의 목적을 이해한 후, 기록물 유형에 상관없이 재무기록관리에 필요한 주요 원리를 도출해내야 한다. 이를 통해 기록관리자는 전자기록시스템을 위한 규범을 창안해 낼 수 있게 된다.

재무기록물관리의 목적

재무기록관리시스템을 개발하고 운영하기 위해서는, 전산시스템이건 아니건 상관없이 그 운영상의 목적을 분명히 해야 할 필요가 있다. 일반적으로 재무기록관리의 목적은 다음과 같다고 할 수 있다.

- 재무기록을 전 생애에 걸쳐 조직적, 구조적 방식으로 관리한다.
- 회계감사 기능 및 조직의 대외적 책무를 지원한다.
- 해당 기관으로 하여금 법령상의 재정적 책무를 준수토록 한다.
- 경제 및 재정상의 정책, 계획을 포함하여, 회계·보고·기타 재무관리상의 필요사항들을 충족시키도록 한다.
- 해당 기관으로 하여금 신뢰할 수 있는 재무상의 정보를 획득할 수 있도록 기록물의 진위성 및 정확성을 보호한다.
- 재무정보에 대한 검색 및 열람을 가능토록 한다.
- 재무기록의 생산·관리·활용에 수반되는 경제적 효율성을 도모할 수 있게 하며, 정보자원으로서의 진위성 및 활용성에 대한 훼손없이 적절한 시기에 폐기할 수 있도록 한다.
- 재무기록에 대한 충분한 생산보장 및 그 관리를 통해 재무정보시스템의 가치를 제고시킨다.

재무기록물관리의 일반 원칙

아래에 제시된 원칙들은 재무기록관리를 위한 기초로 삼아야 한다.

- 재무기록관리는 회계담당자, 감사자, 재무관리자와 더불어 기록관리자의 공통 책무이다.
- 재무기록은 생산단계부터 폐기단계에 이르기까지 전 생애를 통해 관리되어야 한다.
- 재무기능과 관련된 기록물을 포착함과 아울러 이를 문서화시켜야 한다.
- 기록물은 회계기간 및 재무활동이 종료될 때까지 검색이 가능하도록 정리되어야 한다.

- 불법적인 열람, 변조, 복제 및 훼손을 방지해야 한다.
- 재무기록의 구조, 내용, 보관위치 및 이동 전반에 걸친 통제가 단행되어야 한다.
- 재무기능 및 관리, 감사, 기타 연구상에 필요한 법적 기한 내지 기타 활용에 수반되는 기한만큼 보존되어야 한다.
- 기록물 및 기록관리체제는 회계감사 및 재무보고 행위의 근간을 형성해야 한다.

전자기록시스템의 전제조건

기록관리자가 배제된 시스템 설계는 실패로 돌아가기 쉽상이다. 이는 기록물과 관련된 여러 문제들이 제대로 반영되지 못하기 때문이다. 전자기록물을 보호하기 위해 기록관리자는 다음과 같은 안전장치들이 자리매김할 수 있도록 대책을 강구해야 한다.

- 기존 재무관리시스템내의 정보는 조직화되고 정확해야 할 뿐만 아니라, 용이한 접근성 및 통합시스템으로의 편입이 가능해야 한다.
- 전자기록물의 진위성을 확보해야 한다. 즉 전자기록물을 내용적으로 정확하면서도 완전한 형태로 관리함과 아울러 그 증거력을 담보할 수 있도록 해야 한다.
- 접근제한 및 승인조치 등과 같은 안전장치 내지 보호체계가 수립되어야 한다. 이는, (1) 인가된 정보만이 시스템에 입력됨과 동시에 시스템으로부터 출력될 수 있도록 하며, (2) 승인된 자만이 기록물을 열람하며 수정할 수 있도록 하기 위함이다.
  또한 필요시 기록물을 복원할 수 있도록 백업 및 저장기능을 마련해야 한다.
- 행정적, 법적 내지 역사적 활용목적을 위한 검색이 가능해야 하며, 아울러 기록물의 폐기는 처리일정표 등의 적정권위에 의해서만 행해져야 한다.
- 전자기록시스템에 상응하는 종이기록시스템의 부재시 전자적 정보들이 법적 승인력을 지닐 수 있게 하는 법령을 제정하는 등, 시스템 운영을 지원할 수 있는 적절한 관리구조가 자리매김되어야 한다.
- 충분한 재원 및 시설, 인력 등 현행 시스템의 유지에 필요한 행정적 지원이 이루어져야 한다. 예를 들어 전원공급이 안정적으로 이루어져야 하며, 백업 및 저장기능 등의 안정장치 또한 마련되어야 한다. 그리고 전자 및 종이기록물이 보존될 수 있는 적절한 환경과 안전조치들을 강구하는 등의 물리적 조건이 뒷받침되어야 한다.
- 각 기관의 회계업무편람에서는 대개 회계기록의 서식을 규정하고 있으며, 일부의 경우에는 재무기록의 보존 및 관리를 위한 별도의 내규가 마련되어 있기도 하다. 그러나 이것은 대개 기록물을 관리하기 위한 표준은 아니다. 이에 기록관리자는 보존기한, 기록양식, 매체, 통제체계 및 장비 등을 표준화하기 위해 재무기관의 담당자들과 협력해야 할 필요가 있다.

- 기록물의 사용자 및 보관자를 위한 효과적인 훈련프로그램이 마련되어야 한다.

이상과 같은 필요사항 내지 기준의 자리매김에 더해, 기록관리자는 다음과 같은 점들을 통해 재무기록시스템의 운영에 일조할 수 있다.

- 기록물에 대한 계속적 활용성 여부 및 지속적 가치를 판단한다.
- 행정적 내지 기타 활용목적상 가치있는 기록물에 대해 얼마나 오래 보존해야 할지 이해당사자와 함께 결정한다.
- 지속적 가치를 지닌 전자기록물을 포착, 유지하는데 필요한 생산맥락상의 구조적 정보 (메타데이터)를 창출한다.
- 기록물관련법령에 규정된 바 대로, 전자기록물이 지속적으로 보존되어 일반인의 열람 이 가능하도록 시스템 개발자와 협력한다.

이러한 문제들에 대해서는 본 시리즈상의 『전자기록물관 리』 (Managing Electronic Records) 및 『현용기록 : 생산과 관리』 (Organising and Controlling Current Records) 부분에서 좀더 상세히 논의토록 하겠다.

[연습 6]

소속기관의 재무관리 업무는 전산화되었는가? 만일 그렇다면 어떠한 절차들이 전산 화되었으며, 아울러 이러한 시스템은 누가 관리하고 어떻게 운용되는지를 상세히 적어 보도록 하자. 만약 전산화되어 있지 않다면 이러한 전산시스템이 도입될 수 있을지, 또 한 도입에 수반되는 장단점은 무엇인지를 간략히 작성해보도록 하자.

---

3. 복합된 종이 · 전자적 환경하에서의 재무기록물관리

여기서는 종이기록물과 전자기록물이 병존하는 상황에서 재무기록을 관리하는 방안들을 살피고자 한다. 주로 종이기록물의 투입 및 산출 측면과 관련지어 언급토록 하겠다.

시리즈 통제

기록물의 생산시부터 시리즈 전반에 대해 통제를 가해야 하며, 아울러 전 생애주기에 걸 쳐 이러한 통제를 지속해야 할 필요가 있다. 각 시리즈 내에서는 보통 개별 아이템에 대한 보다 세밀한 수준의 통제가 뒤따르게 된다. 일련번호순으로 영수증을 정리한다든지, 계정항목에 따라 각종 서식들을 분류한다든지, 또는 회계년도별, 월별 등 연대기적 순으로 각종 관련문서를 정리하는 행위는 모두 이러한 통제행위의 사례라 할 수 있다.

기록물 시리즈에 대한 정보는 각 부서의 시리즈 등록대장에 기재된다. 이들 대장에는 시리즈에 대한 생산맥락상의 핵심적 정보들이 수록된다. 이러한 정보에는 다음의 항목들이 포함되어야 한다.

- 표제 및 간략기술
- 일자 범위
- 생산자명
- 정리 및 통제체계
- 기록물 형태
- 연관 시리즈
- 관련 규정/재무지침
- 회계업무편람상의 관련 조항
- 보관위치
- 폐기승인 및 폐기여부

재무기록의 식별

개별 기록물의 맨 앞장에는 해당기록물을 식별케함과 더불어 이를 토대로 관리할 수 있도록 하는 사항들이 기재되어야 한다. 각 아이템별로 표시되어야 할 사항들은 다음과 같다.

- 생산자명
- 시리즈 및 아이템 번호
- 표제
- 회계년도
- 관리번호

재무기록을 식별화하는 과정에는 다양한 원리가 적용될 수 있다.

1. 회계년도내 두 건 이상의 기록물이 생산되는 경우에는 매 건마다 단일화된 일련번호(가령 1, 2, 3 .....)을 매기며, 매 회계년도마다 처음부터 다시 일련번호를 부여토록 해야 한다.

2. 재무정보시스템의 주요 구성은 회계기록이 담당케 되는데, 이들 기록물은 별도의 시리즈

로 생산, 관리되어야 한다.

3. 개별문건들은 명확히 구분된 기록물 시리즈에 편입되어야 한다.

4. 재무기록중 일부는 파일링시스템 형태로 관리된다. 이러한 기록물로는 정책문서, 각종 승인서, 예산관련 문서, 신청서, 계약서, 사업관련 문서 등이 해당된다. 기관내의 등록부서 내지 문서과는 이들 기록물 관리에 중요한 역할을 담당해야 한다. 분권적 성격의 기관일 경우 이러한 파일들은 사안담당자 내지 서기 등이 관리하게 되는데, 이 경우 이들은 재무 정보관리에 대한 일정 책임을 담당해야 한다.

5. 기록물을 용이하게 찾기 위해서는 파일제목을 전거리스트로부터 석출된 어휘들을 사용해 야 한다. 아울러 파일 제목에는 회계년도 역시 포함시켜야 하며, 가능하다면 회계상의 기 호로 기재해도 좋을 것이다. 예를 들면 아래와 같다.

WARRANTS - VIREMENT - 1995/96

EXPENDITURE - MONITORING - 1995/96 - SUBHEAD 021

재무기록의 정리

가능한한 기록물은 회계년도별, 월별, 회계기호 내지 관리번호순별로 정리해야 한다. 이는 검색상의 효율성을 극대화시켜줄 뿐만 아니라, 회계감사의 순조로운 진행에도 일조할 것이 다. 파일은 파일 번호순으로 정리되어야 하며, 아울러 파일 편성은 회계년도, 지출항목, 문서 유형에 따른 보존 및 검색이 가능토록 해야 한다.

보관 및 안전조치

재무기록의 보관장비는 이들이 생산된 다양한 형태 및 규격에 알맞아야 한다. 가지런히 정돈된 선반은 사무공간의 최적 활용을 가능케 한다. 또한 보관장소는 안전해야 하며, 사무 실 이외의 공간에 보관할 경우에는 출입문을 항시 잠그어야 한다.

회계 및 재무기록은 보통 레버아치(lever arch) 파일이나 바인더, 상자파일 등에 수합된 다. 현용 및 준현용기록의 경우에는 표지를 씌워 식별사항을 기재한 후, 열람선반의 보관 상자에 담아 관리해야 한다. 보관상자는 많은 비용이 들지는 않지만, 먼지·해충이나 습 기·열 등에 따른 문서의 물리적 훼손을 방지하는데 큰 효과를 볼 수 있으며, 입무진행이 나 관리, 식별도 보다 용이하게 해준다. 보존상자에 수합한 후 레버아치 파일은 재활용이 가능하다.

물리적 배열 및 이동

검색상의 효율성을 제고시키고 물리적으로 완전무결하게 유지하며, 아울러 블법적인 접근 내지 이용을 방지하기 위해서는 재무기록의 위치배열을 통제해야 함은 물론이다. 다음은 재무기록의 물리적 이동을 관리하기 위해 준수되어야 할 기본 사항들이라 할 수 있다.

- 현용기간 동안에는 보통 생산부서 내에 보관되지만, 생산부서 이외의 다른 곳에 보관되는 경우도 있다. 가령 인가서 내지 계약서 등과 같은 기록물은 보통 문서과 내지 등록부서에서 보관하는 것이 일반적이다.
- 현용 및 비현용기록물의 보관위치는 명확히 파악하고 있어야 하며, 등록대장의 시리즈 위치 항목에 기재해야 한다.
- 어음대장이나 인감대장과 같은 일부 기록물은 금고 내지 귀중물보관실 등의 특별한 안전장소에 보관되어야 한다. 재무지침 내지 회계업무편람에서는 재무기록을 특별 안전공간에 보관하도록 규정하고 있을 것이다. 이는 재무기록이 지닌 민감한 사안적 속성상 안전하게 보관되어야 한다는 사실을 염두에 둔 결과이다.
- 일상적인 열람 내지 생산부서 내에서의 재무기록 이동은 별도로 기록하지 않는 것이 보통이다. 따라서 업무상 일상적 활용이 빈번히 발생하는 기록물은 그날그날의 업무 마감시 정해진 자리에 다시 놓아두어야 한다.
- 생산부서를 벗어난 외부에서의 사용을 위해 특정 기록물을 시리즈 내에서 뽑아낼 경우에는 반드시 승인을 받아야 하며, 아울러 이러한 기록물 및 그 이동현황은 문서유출대장 등과 같은 별도의 장부에 기재되어야 한다.

- 기록물의 이동상황은 주기적으로 점검되어야 하며, 또한 타기관으로 유출시킬 수 있는 기록물의 수량 및 유출기한을 제한하는 것도 좋은 방안으로 삼을만 하다.

전자기록물의 정보 보호[2)]

컴퓨터시스템상에서 기록물을 관리·보호하는 데에는, 종이기록체제에서는 상정할 수 없는 다음과 같은 특별한 문제 및 위험요소들이 발생하게 된다.

- 전자기록물의 임의적 파괴 내지 훼손
- 불법적인 벼조
- 컴퓨터시스템의 변화 내지 지속적인 업그레이드에 따른 전자기록물 및 운영체계의 무용지물화 가능성

일시적인 데이터 손상 내지 시스템의 항구적 소실을 예방하기 위해서는 다음과 같은 다양한 대책들이 강구되어야 한다.

- 재난복구계획 수립
- 시스템 소프트웨어 및 응용프로그램, 데이터파일에 대한 주기적인 백업본 생산
- 재난복구프로그램의 복사본 및, 백업본을 오프라인상의 안전장소에 저장
- 기관간 공동데이터의 공유 및 시스템 파손시 임시적으로 주요 업무수행을 가능토록 하는 장비의 공유체제 도입

> *전자기록물의 보호에 대한 보다 상세한 내용에 대해서는 본 시리즈상의 『전자기록물관리』 (Managing Electronic Records) 및 『기록물 보존』 (Preserving Records), 『기록관리 비상계획』 (Emergency Planning for Records and Archives Services) 을 참조하기 바란다.*

서식관리

서식 및 각종 보고서는 회계 및 재무정보시스템에서 폭넓게 이용된다. 기록물의 서식을 통일시키고 불필요한 대상을 제거하며, 생산·유포되는 양을 제한시키는 행위 등은 모두 서식관리상의 기본적 업무들이라 할 수 있다.

재무상의 서식은 감사를 비롯하여 법률적, 정보적 목적에 부합하게 기재항목을 설정해야

---

2) 세부적인 내용은 *Austrailian Taxation Office Ruling TR97/21, Income Tax: Recordkeeping - Electronic Records*, 1997(http://www.ato.gov.au)로부터 발췌하였다.

하며, 서식 용지 밑에 동일한 양식의 먹지를 첨부시키는 방식은 사본이 필요한 경우 매우 유용할 수 있다. 만일 원본 서식과는 다른 양식의 먹지로 기재된 서식이라면 이는 분명 불법적인 사본의 생산을 의미하는 것이며, 특히 복수의 자들에 의해 생산된 경우라면 더욱 그러하다고 볼 수 있다.

재무관리 서식의 목적 및 이용, 유포는 정기적으로 점검되어야 한다. 예를 들어, 새로운 회계시스템이 도입되거나 컴퓨터 네트워크의 개발 등과 같은 운영환경의 변화가 발생할 시 서식은 변경될 수 있다.

기록관리체제의 점검 및 진단

재무기록관리시스템은 경제적 효율성을 제고시킬 수 있도록 주기적으로 점검되어야 한다. 또한 이러한 점검활동은 시스템상의 취약부분 및 개선영역들을 제시해 줄 수 있어야 하며, 시스템 사용자 및 외부 감사자는 이에 대한 진단 및 개선책을 제시할 수 있어야 한다.

아울러 재무환경 및 기술환경의 변화, 특히 정보기술의 여파를 포착·진단하는 것 역시 중요한 사안이라 할 수 있다.

기록관리에 대한 감사 실시

재무기록관리에 대한 감사는 일년에 두 세차례 간격으로 예고없이 수행되어야 한다. 이러한 감사에서는 기록관리 과정이 합리적인지 또한 지속적으로 수행되는지를 점검해야 한다. 회계업무가 전산으로 처리되며 여기서 생산된 정보들이 회계감사 자료로 활용될 경우에는 보다 빈번히 실시될 수 있다. 이와 같은 감사는 기관 내부의 감사부서 내지 기록관리기관에 의해 수행되어야 한다.

감사의 내용으로는,
1. 관련 법률 및 자체 내규의 적용을 받는 재무기록들이 보유하고 있으며 활용가능토록 정리되어 있는지 여부
2. 합법적인 승인하에 폐기행위가 수행되는지 여부 등을 들 수 있다.

감사보고서의 사본은 기록관리기관과 더불어, 지적사항에 대해 적절한 시정조치를 취할 책임이 있는 해당기관의 회계책임자에게 발송해야 한다.

감사보고서는 기록관리 과정상 시정되어야 할 사안들을 제시해준다. 특히 재무기록의 생산 및 유지에 대한 책임을 맡는 회계담당자는 감사결과를 업무상에 반영토록 해야 하며, 정부의 재무 및 회계시스템 운영에 대해 전체적인 책임을 지니는 재무부장관 역시 이러한

감사보고서를 면밀히 활용해야 할 것이다.

4. 재무기록의 평가 및 폐기

　전산화의 도입에도 불구하고, 각 기관에서 생산되는 재무정보 및 기록물의 양은 끊임없이 증가하고 있다. 이를 감안하듯 합리적이면서도 적절한 시기에 수행되는 폐기업무는 재무기록관리의 핵심적 영역으로 자리해 가고 있다. 주지하다시피 폐기는 책임성의 근저를 형성한다. 호주 빅토리아주기록보존소의 전 아키비스트였던 크리스 허레이(Chris Hurley)는 이 점에 대해 다음과 같이 언급하고 있다.

　　민주사회의 경우 정부기록의 폐기 및 처리에 대한 성문화된 규정들은, 정부행위에 대한 공적 감시수단이 근거하게 되는 기본 토대라 할 수 있다.[3)]

　기록보유량의 감소와, 책임성에 대한 근거로서의 기록보유라는 기록관리상의 상반된 입장은 재무기록의 폐기업무에 조화롭게 반영될 필요가 있다.

　어쩌면 재무기록은 한 기관에서 일반기록물 이상으로 존재할지도 모른다. 감사자료 내지 기타 증거로서 이들 기록물을 적정 양으로 관리하기 위해서는, 평가 및 폐기업무의 수행이 기관 전체를 통해 상호 기능적으로 운용됨과 동시에 유기적 협력관계를 형성할 필요가 있다. 여기서 염두에 두어야 할 점들은 아래와 같이 개략적으로 설명될 수 있다.

- 회계 및 재무행위상 서식의 광범위한 사용 및 사본생산 관행은 기록물의 복본화(複本化)를 가중시킨다. 회계감사에서는 일반적으로 원본을 필요로 한다는 점을 감안할 때, 어떠한 기록물이 사본이며, 원본과 동일한 효력을 지니는 사본은 무엇인지에 대한 명확한 기준을 수립해야 할 필요가 있다. 예를 들어 회계 및 감사의 목적으로 영수증 사본을 원본 대용으로 첨부하는 것은 적절한지에 대해 나름의 기준마련이 필요하다고 할 수 있다.
- 회계년도의 기한 역시 재무기록의 생산 및 활용에 관련된 결정적 요소라 할 수 있다. 이러한 점은 폐기업무시 기록물에 사형선고를 내릴 때 '방아쇠를 당기는' 행위에 긍정적으로 일조할 수 있게 한다.
- 면허발급철과 같은 업무상의 책임을 요구하는 기록물들은, 보통 재무규정 내지 지침에

---

3) Judith Ellis, ed., *Keeping Archives*, 2nd ed.(Austrailia: Thorpe, 1993), p. 191로부터 인용.

따라 이들의 관리 및 처리가 결정된다. 따라서 기록관리 과정에서는 이러한 부류의 기록물을 확인함과 아울러, 이들이 지닌 회계업무상의 필요성을 고려하며 관리할 수 있도록 관심을 기울여야 한다.

평가의 기준

평가는 지속적인 활용성 내지 항구적 가치를 근거로 향후 보존되어야 할 기록물을 선별하는 과정이라 할 수 있다. 재무기록의 평가에는 다음과 같은 사안이 고려되어야 할 것이다.

- 각종 법령 및 규정에 기록물의 보존기한 및 폐기에 대한 지침을 포함시켜야 한다. 특히 재무, 관세 및 기타 수입세, 국세, 연금, 사회보장, 고용, 감사 등과 관련된 법령에서는 특히 그러하며, 아울러 청원행위와 관련된 법령에서도 이러한 사안은 중요하다 할 수 있다. 회계기록에 대한 보존기간을 규정한 법령으로는 민사증거법, 부가가치세법, 회사법, 소비자보호법, 정보보호법, 금융서비스법, 제한법 등을 들 수 있다.
- 재무기록은 생산기관에 유용한 행정적, 법적, 재정적 증거를 제공해준다. 재무시스템 자체 내지 기록물간의 기능적 연관성 등, 기록물이 생산된 행정적 맥락을 알려주는 정보들은 이러한 가치를 판단할 수 있는 근거를 제공해준다.
- 또한 재무기록은 향후의 연구목적을 위한 유용한 정보들을 제공해준다. 정치, 경제 및 사회활동에 대한 연구를 위해서는 재무기록을 장기간 보존해야 할 당위성이 제기된다고 할 수 있다.
- 보존에 수반되는 비용 및 재원의 가용성은 기록물의 평가시 고려되어야 할 사안이다. 비용은 보존될 기록물의 양을 결정함과 아울러, 전자기록물의 보존에 수반되는 기술적 지원정도를 가늠해 줄 수 있는 핵심 사안이다.
- 기록물의 활용도 역시 고려되어야 한다. 기록물의 활용도는 기록물의 완정성 및 정확성, 정리상황, 물리적 상태, 접근성 등에 따라 좌우된다. 이러한 요소들은 곧 업무담당자의 재무기록 유지 및 이용상황을 포함한, 기록관리 수준과 직결되는 것들이다.
- 종합화된 재무정보는 보존공간을 절약하면서도 보다 많은 정보를 제공해 줄 수 있다. 재무기록은 그 핵심내용을 요약하거나 수치들을 통계내도 되며, 또한 연도별 일람표 내지 통계서, 보고서 형태로 축약해도 그 핵심내용의 파악에 무방한 경우도 있다. 이러한 때에는 여기에 관련된 부수기록물을 함께 보존할 필요가 있는가를 신중히 검토해야 한다.
- 재무기록은 상대적으로 사본들이 많이 존재한다. 재무상의 상호행위에 관련된 여러 이해당사자들이 동일한 정보를 공유해야 하기 때문에, 이러한 복본화는 재무 레코드 키핑시스템의 전산화 여부를 떠나 일반적으로 발생하는 현상이라 할 수 있다. 따라서

사본이 더 이상 사용될 필요가 없을 시에는 바로 제거해야 할 필요가 있다.

처리일정표의 개발

재무기록에 대한 처리일정표를 개발하기 위해서는 핵심 이해당사자를 비롯하여 회계당국, 재무부처, 외부 감사기관, 기록관리기관 등의 조언 및 상호협력이 요구된다. 또한 이러한 협력체제는 이해당사자들로 하여금 보존기간의 책정시 재무규정 내지 회계지침상의 관련조항들을 반영시키도록 하는데에도 일조하게 된다.

평가절차는 보통 두 종류의 일정표 개발로 귀결된다. 일반처리일정표(General Schedules)는 모든 정부기관에서 공통적으로 수행되는, 보통 내부관리 내지 기관 자체의 살림에 관련된 기록물을 대상으로 한다.

> *일반서무기록(Administrative Records)* : 일상 서무업무 내지 시설관리, 재원관리 등과 같은 모든 기관에서 공통적으로 수행되는 일상적인 관리활동에 연관된 기록. 가계기록(Housekeeping Records)이라고도 한다.

기능별처리일정표(Functional Schedules)는 각 기관 고유의 업무수행 과정을 통해 생산된 기록물을 대상으로 한다. 보통 이러한 기록물은 운영기록이라 불린다.

> *운영기록(Operational Records)* : 해당기관의 핵심 기능을 수행하기 위한 목적으로 생산된 기록. 기능기록(Functional Records)이라고도 한다.

처리일정표의 작성시에는 다음과 같은 점들을 간과해서는 안된다.

- 일반처리일정표는 가급적 공통성을 유지해야 한다. 기관마다 내용상의 차이가 크다면, 동일한 업무수행 목적 및 동일한 형태의 기록물에 대해 단일화된 보존기간을 적용시킬 수 있는 잇점을 잃게 되며, 나아가 이러한 일정표의 운용을 감시하는 것 역시 보다 어렵게 되기 때문이다.
- 처리일정표는 기록관리와는 관련없는 일반 담당자들도 쉽게 납득할 수 있는 수준으로 명료하게 작성되어야 한다. 무엇보다 이러한 일정표를 직접 활용할 자는 기록관리자가 아닌 재무업무 담당자들이기 때문이다. 아울러 해당기록에 대한 부연설명에 사용

하는 용어는 회계, 감사 및 일반 재무업무에서 일반적으로 사용하고 있는 용어들을 선택해야 한다.

- 처리일정표의 내용은 재무시스템 및 기록물 계층분류 정황을 반영하며 구성되어야 한다. 또한 관련 법령조항 및 각종 기능상의 연관관계 역시 일정표의 내용에 반영되어야 한다.
- 폐기행위의 서곡을 알리는 '출발 총성'이 필요하다. 회계년도의 종료 내지 개시 시점, 감사의 완료기점, 특정업무의 시효연한 등은 재무기록의 생애중 일정표 적용이 개시되어야 할 시점을 알려주는 편리한 기준으로 삼을 수 있다.
- 처리일정표의 적용상황에 대한 감시활동은 일정표상의 폐기대상이 실제 폐기되도록 하며, 아울러 보존기간과 연동하여 폐기가 수행될 수 있도록 해준다. 또한 처리일정표를 개정하기 위해서는 재무정책 및 관련 규정, 회계시스템 등에 대한 면밀한 검토가 행해져야 할 것이다.
- 기록물의 폐기 내지 이관시에는 감사증적(監査證跡, Audit Trail)을 관리함과 더불어, 생산기관에 대한 책임을 부과할 수 있도록 반드시 기록을 남겨야 한다.

뒤에 첨부된 <부록 1>은 회계기록에 대한 처리일정표의 작성 사례이다. 영국의 경우를 상정한 이 사례에서는 다양한 종류의 회계기록 및 그 범주를 살펴볼 수 있다. 여기서 제시된 보존기간은 관련 규정 및 회계업무, 감사, 기타 활용상의 필요기간을 상세히 분석한 후 책정한 것이다.

나라마다 보존기간 책정이 상이할 수 있으며, 기록물의 부연설명을 위해 사용된 용어 역시 다를 수 있다. 하지만 회계기록의 유형은 서로 비슷할 것임으로, 최소한 본 일정표는 보존기간 책정을 위한 분석에 유용한 출발점으로 삼을 수 있을 것이다.

항구적 가치를 지닌 재무기록의 선별

재무기록중 아래에 제시된 기록물은 영구보존 대상으로 책정되어야 한다.

- 전략적 재무계획 문서
- 정책관련 문건 및 경비지출 지침 문서
- 공간(公刊)된 승인예산서(추가경정예산서 포함)
- 공공회계위원회 보고서
- 감사보고서
- 재무제표 및 연말결산서
- 통계보고서
- 선례로 삼을 수 있는 특수한 사건, 활동 내지 처리행위에 관련된 기록물

요약

　지금까지 종이기록물과 전자기록물이 병존하는 환경하에서 재무기록관리가 지니는 의미 및 그 관리방안을 검토해 보았다. 재무시스템에서는 종이기록물과 전자기록물이 함께 생산된다. 그러나 전자기록물중 대부분은 장기간 보존될 필요가 없는 것들이다. 이를 감안할 때 기록관리자는 전자기록물의 보존에 많은 노력을 경주하기 보다는, 종이기록물의 투입 및 산출관리에 좀더 전력할 필요가 있게 된다. 본 과에서는 전산화의 의미와 아울러 종이기록물의 관리방안을 둘러싼 문제들에 대해 논의해왔다.

　또한 본 과에서는 재무기록을 관리하는데 수반되는 다음과 같은 문제들에 대해서도 세밀히 살펴보았다.

- 전자기록관리자의 역할 및 책무
- 재무기록관리의 목적 및 일반 원리
- 전자기록시스템상의 필요사항

　그 다음으로는 복합된 환경하에서의 재무기록관리에 수반되어야 할 다음과 같은 특수한 조치사항들을 검토하였다.

- 시리즈 통제
- 재무기록의 포착
- 재무기록 정리
- 보관 및 안전조치 결정
- 물리적 배열 및 이동 관리
- 전자기록물의 정보 보호
- 서식관리
- 기록관리체제의 점검 및 진단
- 기록관리에 대한 감사 실시

　이후 마지막 부분에서는 재무기록의 평가 및 폐기와 관련된 다음과 같은 문제들에 대해 논의하였다.

- 평가 기준의 결정
- 처리일정표의 개발
- 영속적 가치를 지닌 재무기록의 선별

학습과제

1. 종이 · 전자적 환경이 복합된 재무관리시스템으로부터 생산되는 기록물을 관리함에 있어 기록관리자가 알아야 할 기본적인 사항은 무엇인가?

2. 재무기록의 관리에 기초가 되는 주요 원리는 무엇인가?

3. 재무기록을 포착 · 관리하기 위해서는 어떠한 정보들이 필요한가?

4. 재무기록의 물리적 이동 통제시 기록관리자는 어떠한 점들을 고려해야 할 필요가 있는가?

5. 재무기록의 평가시 숙고되어야 할 주요 사안들은 무엇인가?

6. 항구적 보존가치를 지닌 영구기록물로 선별될 수 있는 재무기록 네 가지를 들어 보자.

연습 : 조언

연습 6-9

이번 연습문제들을 본 과의 내용들을 소속기관에서 수행되는 재무기록관리 실태와 비교해 볼 수 있도록 고안한 것이다. 각 연습문제에 대해 나름대로의 답을 찾아보고 소속기관의 현행 실태를 이해하는데 활용토록 하자. 아울러 본 과의 내용들과 어떤 면에서 동일하며 어떤 면에서 상이한지를 숙고해 보도록 하자.

통합재무관리시스템

> **통합재무관리시스템**(*Integrated Financial Management System: IFMS*)
> 은 재원의 기획, 집행 및 보고 등에 이용되는 하부시스템들을 재무관리
> 의 전체적인 견지에서 유기적으로 기능화시킨 전산시스템을 지칭한다.

전세계 대부분의 국가에서는 통합재무관리시스템(이하 IFMS로 약칭)을 운영중에 있거나 향후 도입할 전망이다. 가까운 시일내에 정부의 주요 재무기록은 전자기록물 형태로 생산되어 IFMS내에 통합될 것이다. 향후 10년 이내에 기록관리자는 IFMS 하에서의 레코드키핑체제를 정립해야만 한다. 그렇지 않으면 국립기록보존소는 재무기록에 대한 스스로의 법적 책무를 완수할 수 없게 될 것이다.

IFMS내의 중앙데이터베이스에는 모든 자료들이 통합될 것이며, 상호 연관된 시스템간의 정보 유통을 책임진다. 거래행위가 발생하면 일단 관련 정보는 IFMS에 편입·통합되며, 이러한 정보는 다양한 형태로 가공되어 활용된다. 이처럼 특정 행위에 대한 정보는 시스템 전체를 통해 공유될 수 있게 된다.

IFMS가 가장 보편적으로 활용되는 분야는 예산, 회계, 자금관리 및 채무관리 업무영역이다. IFMS의 도입시, 기록관리자는 이러한 시스템의 설계과정에 기여할 수 있도록 IFMS의 개념 및 원리 등을 완전히 이해하고 있어야 한다.

IFMS에 대해 기록관리자가 관심을 가져야 하는 또다른 중요한 이유가 있다. 바로 IFMS를 기반으로 한 재무관리 과정의 상당 부분이 전적으로 컴퓨터로 운영되기 때문이다. 민간부문에서 개발한 IFMS 소프트웨어내에 공적 책임을 추적할 수 있는 기능이 결여되어 있다고해서, 바로 창고에 보관된 '재고' 소프트웨어를 가져다 사용할 수는 없는 일이다. 따라서 IFMS가 최초 도입될 당시부터 전체적인 기능파악 하에 소프트웨어를 설계해야 하며, 아울러 부분적인 업그레이드가 필요할 시에도 전체적 기능을 염두에 두면서 소프트웨어를 개선시켜야 할 것이다.

IFMS 운영을 담당하는 소프트웨어는 특별히 제작된 것이기 때문에, 기록물 및 정보관리를 더욱 난해하게 만든다. 특히 구형시스템과 신형시스템 사이의 호환성 창출이 용이하지 않은

관계상, 새로 도입된 컴퓨터시스템내로 정보들을 이전시키는 작업은 매우 어렵게 된다. 바로 여기서 공식자료의 왜곡이나 훼손을 방지하기 위해 기록관리자가 개입되어야 할 이유가 도출된다. 이에 대해서는 전산시스템과 기록물간의 관계를 설명하는 이 과의 말미에서 좀 더 세밀히 검토하도록 하겠다.

아래의 도표 12는 재무관리상의 기능, 주요 정보시스템, 이해당사자들 사이에 존재하는 상호간의 연관관계 및 정보유통 구조를 도식화한 것이다.

도표 12 : 재무관리시스템의 범주

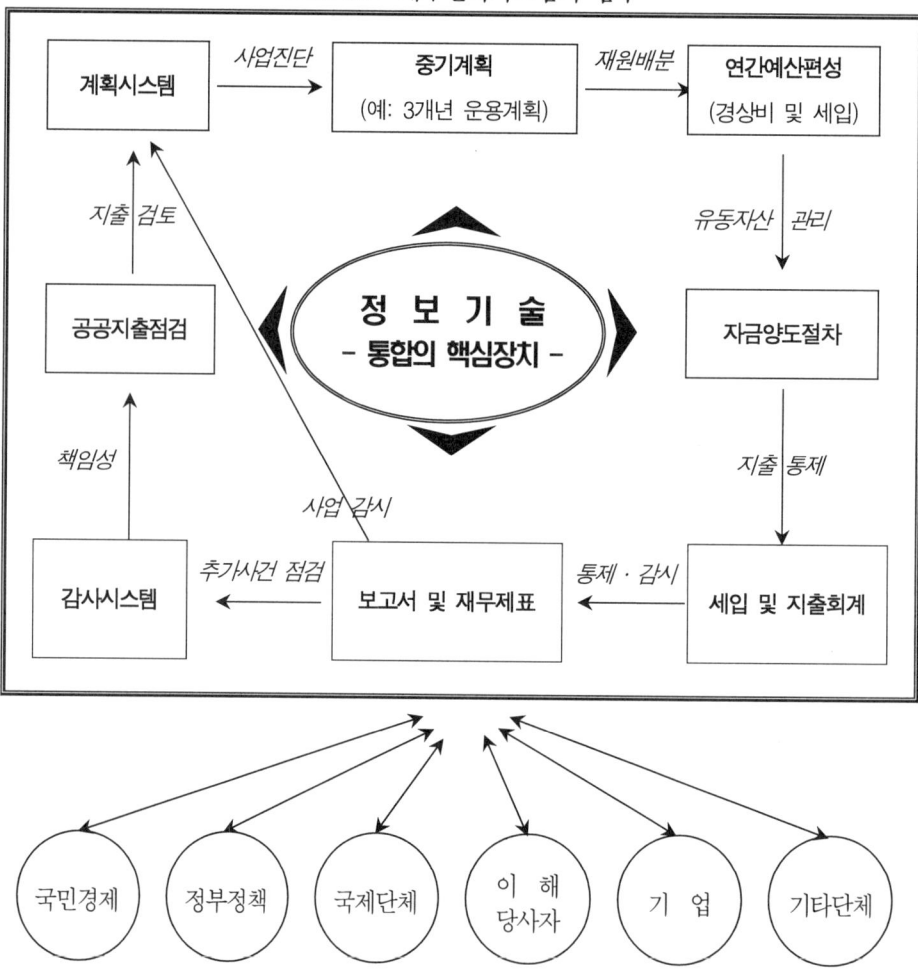

<자료> Michael Parry, "Integrated Financial Management", *Training Workshop on Government Budgeting in Developing Countries*, 1997. 12, p. 7.

IFMS는 다양한 방식으로 운영되며, 어떠한 시스템도 서로 동일할 수는 없다. 시스템간의 주요 상이점으로는 다음을 들 수 있다.

- 통합된 하위시스템의 수
- 시스템의 설계 및 기능을 통해 구현되는 중앙집권화 내지 분권화 정도
- 책무 내지 책임성의 주체
- 기술적 인프라 유형

IFMS는 이를 운용할 조직의 필요에 맞게 설계되어야 한다. 여기서 간과해서는 안될 점이 있다면, IFMS는 전산으로 운영되는 레코드키핑시스템이라는 사실이다. 여타 전산 레코드키핑시스템과 마찬가지로, 기록관리에 관련된 기능이 IFMS내에 융해될 수 있도록 시스템의 설계단계에 기록관리자들이 관여해야 할 필요가 있다고 할 수 있다.

기록관리와 연관된 기능들을 나중에 추가시키려 한다면 엄청난 비용이 소용될 뿐만 아니라, 아예 불가능한 경우도 생길 수 있다. 따라서 기록관리자는 누가 이해당사자들이며 왜 IFMS가 필요한지를, 또한 이러한 시스템은 어떠한 기능을 지니며 시스템 설계에 무엇을 공헌할 수 있는지에 대해 파악하고 있어야 할 것이다. 아래에서는 이러한 문제에 대해 검토해 보도록 하겠다.

1. 주요 이해당사자

공공분야 재무관리에 연관된 주요 이해당사자들에 대해서는 앞서 2과에서 논의한 바 있다. 전 정부 전영역에 걸친 IFMS 채택과 연동하여 이들의 역할 역시 재조명될 필요가 있다.

입법기관

IFMS는 입법기관으로 하여금 실제 사안에 대한 보다 상세한 정보를 얻을 수 있도록 하며, 이를 통해 정부의 예산편성 및 그 활용방안에 대한 이해의 폭을 확대시켜 주게 된다.

재무부 및 회계청

재무부처에 보고의 의무를 지닌 회계청장은 표준회계시스템 및 단일계정을 수립·운영하

는 책무를 지님과 아울러, 각 부처의 시스템을 중앙 데이터베이스에 통합시키는 역할을 담당한다. 입법기관에 대해서는 정부 전영역에 걸친 재무관리 현황 보고책무를 지닌다. 일부 국가의 경우 감사를 완료한 후 최종적으로 연말 보고를 제출하기까지 오랜 시간이 소요되기도 하지만, 대개는 매해 마다 입법기관에 제출된다.

정부 전반에 걸친 이러한 유형의 보고로는 다음을 들 수 있다.
- 연간 재무수행 결과를 제시해주는 세입 · 지출 전체현황
- 회기말 재정상황을 제시해 주는 자산 · 부채 현황
- 정부 사업에 대한 재원 조달상황을 나타내주는 자금유통 현황

한편 재무부는 공적 채무관리에 대한 책무를 담당한다. 이러한 책무를 수행하기 위해서는 차입금 내역 및 기한, 변제일자, 이자 등에 대한 정보들이 필요하게 된다. IFMS를 활용할 경우, 채무변제상의 개별적 행위들은 일괄적으로 관리되며, 해당 채무에 관련된 정보들과 연계되어 처리되게 된다.

각 기관의 장

IFMS 하에서는 재무관리에 대한 책무 내지 책임성이 분권화되어 각 기관의 장에게로 이양된다. 일반적으로 책임성은 법제화된 제도적 틀을 바탕으로 구체화되어 있다. 이러한 책임성을 기반으로 각 기관의 장은 재무부의 기본정책을 준수하며 기관 내의 재무업무를 관장하게 된다. 아울러 각 기관의 장은 이러한 책임성을 재무업무 책임자 내지 사업별 책임자 등에 이양할 수 있다.

각 기관에서 생산된 정보들이 IFMS를 통해 중앙데이터베이스로 통합된다 할지라도, 각 기관의 책임성 내지 책무수행 여부를 판가름하기 위한 감시 및 보고행위는 여전히 필요하다고 할 수 있다. 대부분의 IFMS는 각 부처 나름의 상황에 맞게 운영되면서도, 중앙의 예산, 회계, 자금관리 및 채무관리 데이터베이스에 조응할 수 있도록 해주는 기능을 지니고 있다. 간혹 특정 기관에서는 별도의 재무관리시스템을 운영하기도 하지만, 이러한 경우에는 별도의 보고절차를 의무화시킴으로써 해당 기관의 재무정보를 중앙데이터베이스에 통합시킬 수 있도록 하고 있다.

감사원

감사원은 정부 및 그 산하기관에서 수행한 회계의 정확성을 점검하고 소견을 제시하는

역할을 담당한다. 정부 및 그 산하의 모든 기관은 재무감사를 받게 되며, 그 감사결과는 의회에 제출토록 되어 있다. 감사담당자는 각종 자료를 생산한 시스템의 정확성, 신뢰성 및 완전성을 점검해야 한다. 전산시스템에 대한 감사는 특별히 EDP(Electronic Data Processing) 감사담당자에 의해 수행된다.

내부감사자

내부감사자는 내부통제가 적절히 행해지며 시스템이 의도한 바대로 운용될 수 있도록 하기 위해 IFMS 관리영역을 면밀히 점검해야 한다. 또한 시스템을 통해 생산된 재무정보들이 정확한지, 아울러 규칙 내지 규정이 제대로 준수되고 있는지를 분석하게 된다.

업무담당자

IFMS에서는 재무상의 책임성이 시스템 운영환경 외부의, 실제 처리행위를 수행하는 곳으로 이양된다. 사업 및 예산현황에 대한 주기적 정보들은 업무담당자의 의사결정 능력을 향상시킴과 아울러, 그 책임성 역시 고취시켜 준다. 감시시스템 및 관리도구로서의 IFMS 활용을 위해서는 고도의 교육훈련과 함께 완벽한 적용능력이 요구된다고 할 수 있다.

시민사회

IFMS는 정부 행정의 투명성을 확대시킴으로써, 시민들로 하여금 이에 수반되는 여러 개혁조치들의 혜택을 누릴 수 있게 해준다. 이와 더불어 IFMS는 아래와 같은 보다 풍부한 정보들을 시민사회에 제공해준다.

- 정부의 전체적인 수행 내역
- 정부 산하기관들의 수행 내역
- 각 기관이 생산한 재화 및 용역 내역
- 정부 운영을 위해 각 기관이 집행한 재원 내역

더욱이 최신의 정보를 쉽게 얻을 수 있다는 사실은, 투명성의 정도를 더욱 확대시킴과 아울러 각종 비리 및 부패행위를 근절시킬 수 있도록 해준다.

2. 왜 통합재무관리시스템인가?

IFMS는 재무관리기능상의 경제적 효용성 및 책임성, 투명성을 강화시켜주며, 아울러 사업영역에 대한 고유의 책임성을 부여해준다. 특히 IFMS는,

- 재원의 활용과 관련된 의사결정 능력을 향상시킨다.
- 재무상의 결과를 보다 명료하게 제시해준다.
- 재무정보를 적시에 이용가능토록 하며, 또한 신빙성 및 풍부한 연관성을 지닌 재무정보를 제공해준다.

이러한 점들은 아래와 같은 IFMS상의 기능들을 통해 실현된다.

- IFMS는 사업의 과정을 추적·진단할 수 있도록, 예산평가에 필요한 관련 회계자료들을 통합시켜준다.
- 각종 재무정보들을 종합화시켜주며, 아울러 이러한 자료들을 처리해 해당조직의 재무현황을 즉시 파악할 수 있도록 해준다.
- 각 기관별 정보를 통합·비교분석해 특정 유형의 활동에 소요되는 비용수준을 가늠할 수 있게 해준다.
- 자금관리를 개선시켜 다음의 사항들을 가능토록 해준다.
  - 자금통화량 및 예측량 파악능력 제고
  - 차입비용의 절감
  - 투자수익의 증대
  - 자금의 활용성 증진
  - 어음지급의 윤활
- 공적 채무관리 부문을 개선시켜준다.
  - 당장 활용되지 않는 불필요한 차입을 방지시켜준다.
  - 외국환 거래상의 위험요소를 보다 완전하게 상쇄시켜준다.
  - 정책결정자에게 보다 명확한 채무현황을 제공해준다.
- 시의적절하면서도 정확한 재무정보의 생산 및 보고를 가능케 한다. 이를 통해 제때에 어음변제를 행할 수 있게 함으로써, 채권자에 대한 정부 내지 기관의 신용을 강화시켜준다.

국가적 차원에서 IFMS를 운영하기 위해서는 재무관리 인프라에 대한 점검이 함께 수행되어야 한다. 공공분야의 재무관리는 매우 복잡하다. 이에 대한 개혁을 달성하기 위해서는 시스템 설계에 상당한 노력을 경주해야 함은 물론, 각종 협상 내지 정치력도 개입되어야 할 필요성이 있다고 할 수 있다. 재무관리상의 이러한 개혁은 세계은행 및 국제통화기금과 같은 국제경제기구에 의해서도 지원되고 있다.

3. 통합재무관리시스템과 기술적 문제

본 과의 서두에서 언급한 바대로, IFMS 소프트웨어가 지닌 본원적 특성중의 하나는 시간의 경과와 함께 기록물 보존상의 위험성 역시 증가한다는 것이다. 공공분야의 재무관리와 민간영역의 재무관리 사이에는 결정적인 차이점이 존재한다. 이는 다름아닌 공공분야만의 '책임성'에서 연유한다. 이로 인해 공공분야 재무관리의 경우, 도표 13에 제시된 바와 같이 각각의 단계를 거스르며 경비지출 내역을 추적할 필요가 발생하게 된다.

도표 13 : 경비지출의 단계

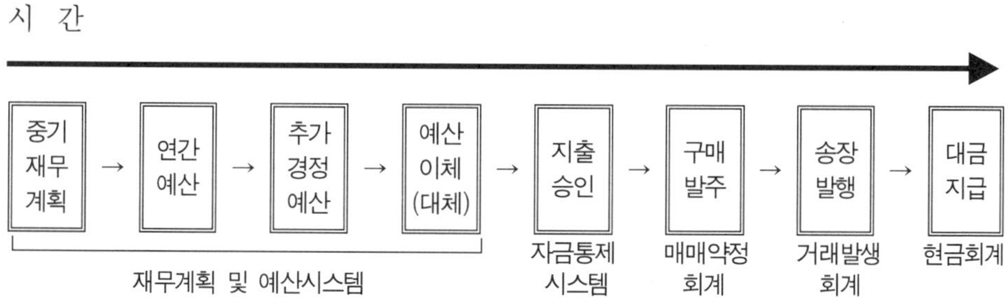

시 간

<자료> Michael Parry, "Integrated Financial Management" *Training Workshop on Goverment Budgeting in Developing Countries*, 1997. 12, p. 9.

이러한 이유로 인해 공공분야의 재무관리에서는 보통 시중에서 판매되는 상업용 소프트웨어를 사용할 수 없으며, 특별히 프로그램화된 소프트웨어를 개발해야 할 필요가 생기게 된다. 더욱이 상업용 소프트웨어는 주기적으로 업그레이드되며, 구형 버전의 자료들을 신형 버전으로 이동시키는 것이 가능하지만, 공공분야의 IFMS에서는 업그레이드시마다 주문제작된 시스템으로 통째로 바꾸어야 한다. 따라서 자료의 이전은 매우 어렵게 되며, 구형 시스템

에 저장된 자료들은 시간의 경과와 함께 활용이 불가능하게 되는 경우도 생길 수 있게 된다.

전자기록물 관리의 원리에 대해서는 본 시리즈상의 『전자기
록물관리』(Managing Electronic Records)에서 상세히 논의하였다.

[연습 10]

우리나라 행정기관에서는 IFMS를 도입하였는지 혹은 향후 개발을 고려하고 있는지
조사해 보도록 하자. 도입하였다면 이러한 시스템을 개발하게 된 이유는 무엇인지, 또한
아직 도입치 않았다면 IFMS 개발 여부에 대한 나름의 견해를 피력해 보도록 하자.

---

4. IFMS의 기능

하나의 IFMS에는 여러 하위시스템들이 포함되어 있다. 얼마나 많은 하위시스템들이 연관
되어 있는지는 각국의 IFMS마다 제각기 다양하지만, 일반적으로 주요 하위시스템이 담당하
는 관리영역은 다음과 같다고 할 수 있다.

- 예산기능
- 회계기능
- 자금관리
- 채무관리

그 외 IFMS로 통합되는 영역들로는,

- 자산관리
- 인사관리
- 조달기능

등을 들 수 있다. 이러한 영역들에 대해서는 잠시 후 다시 논의토록 하겠다.

IFMS가 이러한 개별적 기능들을 운용하는 방식은 앞서 언급한 개별적 전산시스템의 운용
방식과 유사하다. 결정적인 차이가 있다면, IFMS에서는 자료들이 한번만 입력되면 이후 영
속적으로 재활용된다는 점이다. 가령 인사시스템 및 급여시스템에서는 직원들의 신상명세

에 대한 정보들을 저장해야 할 필요가 있다. 이 경우 IFMS 하에서는 자료의 재입력에 소요되는 시간의 절감에 더해, 한번 입력된 정보들은 항구적으로 남게 된다는 잇점을 누릴 수 있다. 만일 한 여직원이 결혼해 성씨가 바뀔 경우, IFMS에서는 단 한번만 수정하면 그만이다. 하지만 시스템이 분산적으로 운영되는 경우, 어떤 시스템에서는 자료를 수정하였으나 다른 시스템에서는 그대로 방치하는 경우가 생길 수 있다. 이는 곧 정보 활용의 혼동을 가져오게 되며, 중첩된 보고가 행해지는 경우도 발생하게 됨을 의미하는 것이다.

예산기능

예산기능은 각종 정책 및 사업을 계획, 수행함과 아울러 이를 진단하는 행위들을 포괄한다. 이러한 예산기능은 정부 전체를 대상으로 삼을 수도 있으며 또한 조직체내의 특정 단위를 대상으로 행해질 수도 있다. 관리수단으로서의 측면에서 본다면, 해당 사업이 예산의 한도 내에서 수행될 수 있도록 경비지출을 감시하게 된다. 아울러 정부의 재원이 얼마나 효율적으로 쓰여지고 있는가를 진단하는, 예산집행상의 감독 역할 또한 수행한다고 할 수 있다.

IFMS는 예산을 편성함과 아울러 이러한 예산 한도 내에서 사업을 전개할 수 있도록 해준다. 또한 활용가능한 자금의 범위에 맞추어 관련 사업계획을 수정할 수 있도록 하며, 회기 말에는 예산의 성공적 이용여부를 평가해 주기도 한다. IFMS에서는 한 조직의 기능영역별로 예산을 배분시키는 기능 또한 수행해 주는데, 이 경우 정부로부터 부여받은 책임성 또한 이양되게 된다. 예산기능에 대한 부문별 통제권한을 강화시킬수록 책임성 역시 보다 강화된다고 할 수 있다. 만일 한 조직이 배정예산에 대한 주기적인 지출보고를 받게 된다면, 그 조직의 재정 및 사업수행은 보다 효율적으로 관리할 수 있게 된다. 이러한 예산집행상의 내부 감시활동은, 보다 많은 사업 내지 업무영역에 대한 예산집행 권한을 이양시킬 수 있는 장치라 할 수 있다.

회계시스템은 예산평가의 기초가 되는 보고 형식을 취한다는 점에서, 예산기능상의 구성요소들은 회계기능 안으로 편입되게 된다. 보고형태는 의사결정 및 감시활동을 위한 기초가 될 수 있도록 예산기능과 밀접히 연관되어야 할 필요가 있다.

회계기능

IFMS하의 회계기능에서는 매일매일 발생하는 재무상의 거래행위 결과를 기록해 통합시켜 주며, 이를 통해 시스템상의 여타 기능들을 위한 자초자료를 제공해주게 된다.

회계시스템은 재무상의 모든 거래행위들을 계정상의 고정된 해당 항목에 배정시키는데,

이것은 곧 예산기능 수행의 기초를 이루게 된다. 이를 기반으로 IFMS에서는 기관별, 사업유형별 등의 상호비교를 가능케 해준다.

IFMS 하에서는 보고서 유형을 표준화된 형태로 생산할 수도, 또한 활용목적에 맞게 재구성할 수도 있다. 완벽한 기능력을 갖춘 IFMS는 사업수행자들이 스스로의 사업에 관련된 정보를 전산망을 통해 직접 얻을 수 있도록 해주며, 또한 스스로의 필요에 맞게 그 양식을 재구성할 수 있게 해준다. 대차대조표, 운용현황표 및 자금유통현황표 등 표준화된 보고양식 역시, 부처별 내지 정부 전체 등 그 정보의 통합수준을 마음대로 변환하며 자동적으로 생산할 수 있게끔 한다. '배정예산 대비 실제지출 비교' 등과 같은 내부보고서를 예산편성 과정에서 소추하여 활용할 수 있게도 한다. 이상과 같은 회계정보들은 거래행위의 수행시마다 곧바로 업그레이드되며, 이는 결국 재무상의 의사결정 능력을 향상시켜주는 수단으로 간주할 수 있다.

자금관리

IFMS 내에서의 자금관리 기능은, 최소한의 비용으로 최대한의 효용성을 창출토록 공적 재원의 흐름을 관리하는 것이다. 전통적으로 자금관리 영역은 어음변제 등 대금의 지급을 담당하는 기능으로 간주되어 왔음을 염두에 둘 때, IFMS 내에서의 위와 같은 자금관리 역할은 일정한 변화를 함의한다고 볼 수 있다. IFMS는 정부의 자금보유고를 그때그때 점검할 수 있도록 함과 더불어, 재원을 통합관리함으로써 필요한 자금이 적제적소에 배분될 수 있도록 해준다.

이러한 자금관리의 주요 잇점 중의 하나는, 예상수입 및 예상지출에 대한 예측을 바탕으로 자금활용계획을 수립할 수 있게 한다는 점이다. 이렇게 되면 필요시 적제적소에 자금을 투입할 수 있으며, 여유자금이 방치되지 않고 적절한 이자수입도 올릴 수 있게 된다.

자금관리 기능은 예산기능과 밀접한 혈맹관계를 형성한다. 예산이라는 것은 경비지출의 마스터플랜 격이다. 이를 자금관리 기능과 연계시킨다면, 예산은 언제, 어떠한 형태로 자금이 소요될 것인가를 결정하는 자금활용계획 수립에 기초자료로 활용될 수 있게 된다. 지출의 우선순위는 정책결정자에 의해 매겨지게 되며, 이를 바탕으로 자금승인이 이루어지게 된다. 회계기능을 통해 생산되는 실제 지출 및 미지급내역, 기타 세부 항목들은 자금관리 부문에서 활용할 수 있는 유용한 정보들을 제공해준다. 자금관리와 채무관리 사이에도 이와 마찬가지의 밀접한 관계가 형성된다. 즉 채무관리시스템은 자금관리 영역에 재원을 공급해주며 아울러 대여금 상환의 형태로 지출을 요구하게 된다.

공적 채무관리

지탱할 수 없을 정도로 과중한 국가채무로 인해 여러 나라에서 위기상황이 발생하기 시작한 1980년대를 기점으로 공적 채무관리의 중요성은 더욱 부각되어왔다. 일부 국가의 경우에는 채무액이 얼마나 되는지도 또한 어디서 빌려왔는지도 파악할 수 없을 정도였다. 부채를 관리하는 데에는 다중통화, 변동금리, 연합채무(여러 개의 금융기관들로 위험요소를 분산시킨 은행 연합체로부터의 대출), 채무조정, 채무교환 등 복잡한 문제들이 뒤따르게 된다. 이러한 문제들을 관리하기 위해서는 고도의 전문교육을 받은 인력이 필요하게 된다. 아울러 국제금융기구들의 협력 또한 전제되어야 하며, 채무관리만을 전문적으로 수행하는 다양한 소프트웨어를 개발해야 한다.

채무관리는 재무관리에 대한 총체적 책임을 담당하는 중앙정부의 몫이다. 그러나 한편으로 대규모 자본투자적 사업에 필요한 재원을 마련해주는 등의 측면을 감안할 때, 채무관리는 IFMS에 통합될 수 있는 관련성 또한 지닌다고 할 수 있다. 채무의 상환액 및 상환일시 등은 예산편성 및 자금활용계획에 미리 반영시켜야 할 필요가 있다. 이래야만 적시에 상환할 수 있고 또한 상환 지연에 따른 불이익도 발생치 않기 때문이다. 실제 상환내역은 자금관리시스템 내에서 발생한다. 회계관리 영역에서는 채무의 증감 내역이 기록되며, 세부적인 부채항목과 더불어 전체적인 부채내역 또한 제시해 준다.

IFMS의 기타 기능

IFMS에는 이상과 같이 살핀 핵심 기능들 이외에도, 기능적 연관성을 지닌 여러 구성요소들이 내재해 있다. 예를 들어보자. 급여 내지 연금관련 행정을 수행하는 인사시스템은 재무관리 부문에서 중요한 역할을 담당한다. 이러한 인사관리 영역은 IFMS내에 직접 설계될 수도 또한 독자적으로 운영되기도 한다. 그러나 독자적으로 운영되는 경우에도 인사시스템 내에는 재무시스템에 필요로 되는 정보들을 제공하는 기능이 포함되게 된다. 자산관리시스템 역시 자금의 위탁 및 감가상각에 관련된 자료들을 재무시스템에 제공한다는 점에서 이와 유사한 성격을 지닌다고 할 수 있다.

도표 14에서는 IFMS을 구성하는 기능적 범주들을 전체적으로 도식화하였다. 본 도표는 PREM Network, *Public Expenditure Handbook*, The World Bank, 1986. 6, p. 64에서 인용하였음을 밝힌다.

도표 14 : IFMS의 기능적 구성 범주

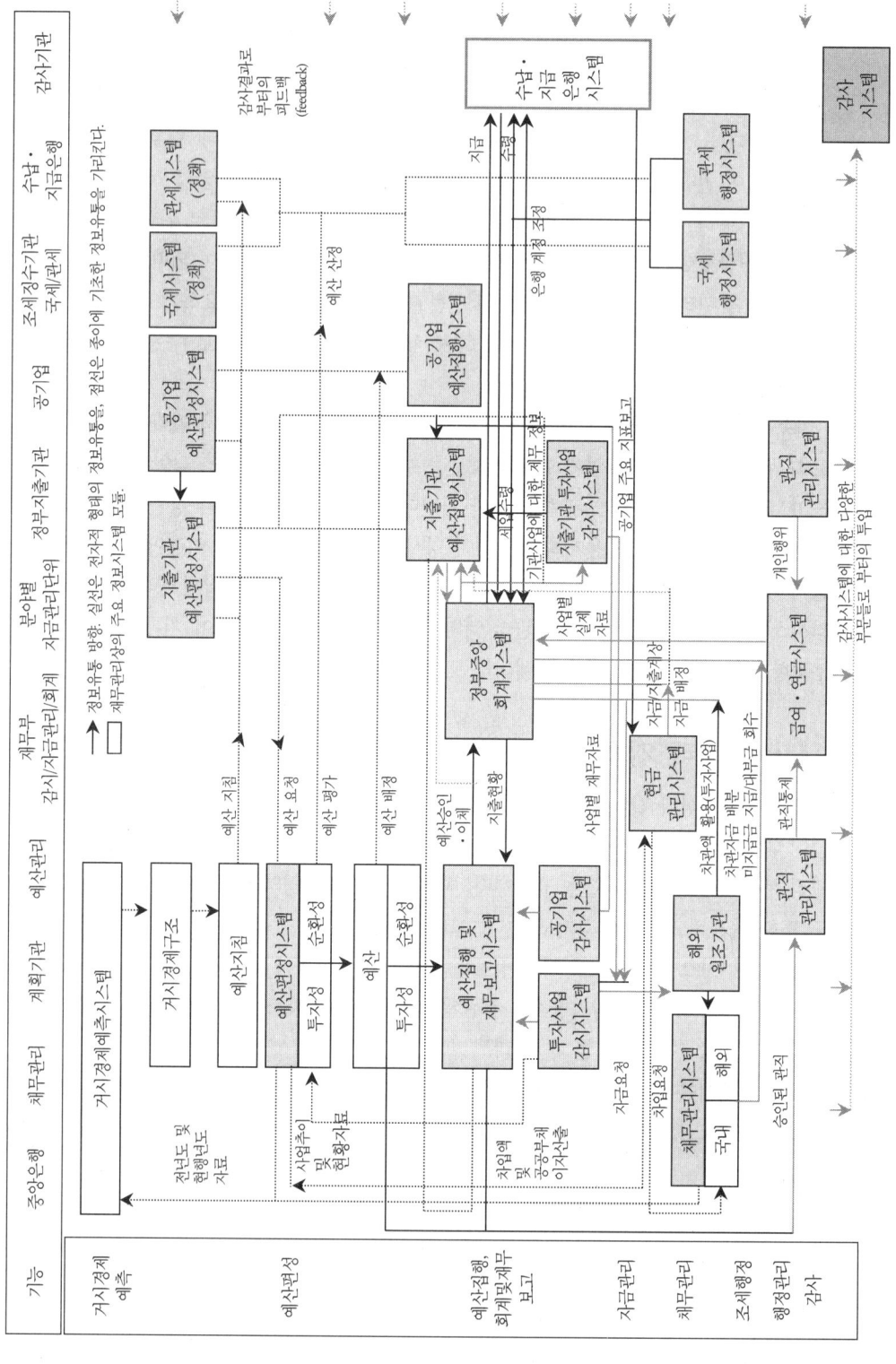

5. IFMS의 전제조건

전통적으로 각 국가들은 재무관리와 연관된 다양한 하부시스템들을 서로 연계시켜 파악치 않고 각기 분리된 시스템으로 간주해왔다. 이로 인해 각각의 시스템은 각 부처 내지 기관의 고유 업무만을 전담한다는 독자성이 강조되어 왔다.

하나의 IFMS은 두 개 이상의 조직단위를 포괄한다. 여기에는 정부 전 영역이 포함될 수도 있다. 이러한 경우 한 국가의 재무부문과 관련된 모든 부처 및 조직들이 포함되게 된다. 지방자치단체들까지도 관할할 수 있다. 이 경우에는 지방자치단체 산하의 모든 기관 및 독립단체들 역시 IFMS에 연관된다고 할 수 있다.

IFMS가 모든 하위시스템을 유기적으로 운용시키기 위해서는 다음과 같은 최소한의 전제조건들이 선행되어야 한다.

- 회계상의 계정분류 통일화
- 동일한 지향점을 추구하며 일정한 구속력을 지닌 법률적 틀
- 규칙의 표준화 및 명료화
- 단일화된 계정

아래에서는 이러한 전제조건들에 대해 좀 더 세부적으로 논의해 보도록 하겠다.

계정분류의 통일화

계정분류 내지 계정과목의 통일화는 예산기능과 회계기능이 서로 연계되어 운영될 수 있게 하며, 또한 예산 항목별로 회계보고가 수행될 수 있도록 해준다. 도표 15에 나와있는 계정과목일람표의 예시는 이러한 원리에 대해 설명해 주고 있다.

도표 15 : 계정과목일람표

종목	계정	하위계정
당좌	1000	
	1001	은행
현금	1010	현금
	1050	
	1055	예금 1
	1060	예금 2

이러한 분류체계는 회계청장 내지 회계기능에 대한 총체적인 책임을 담당하는 자에 의해 결정되게 된다.

또한 각 기관 나름의 필요에 맞게 분류항목을 자체적으로 범주화시킬 수도 있다. 정부적 차원에서 본다면 이러한 분류항목들은 국회 및 외부감사기관의 요구에 맞추어 범주화할 필요가 있다. 정책결정기관 차원에서는 이와는 다른 범주의 항목분류가 필요하다고 할 수 있으며, 각 조직 차원에서는 보다 세부적으로 분류항목을 설정해야 할 필요가 있게 된다. 이러한 범주들은 상위범주로 통합시킬 수 있음으로, 분류항목은 각 업무기능과 연동해 구체적으로 세분화해도 무방할 것이다.

법률적 틀의 표준성 및 일관성

전산화 여부를 떠나 모든 재무관리시스템은 표준성 및 일관성을 갖춘 법률적 틀을 필요로 한다. 모든 국가는 정부기관의 운영에 필요한 각기 나름의 고유 법령을 지니고 있다. 이러한 법령들은 정부의 수많은 공직자에 대해 그 책무를 부여함과 더불어 업무기능상의 범위를 규정해준다. 재무관리시스템 운영상의 기본적 틀을 설정하는 법적 구조 속에는 수많은 세부 법령들이 내재하게 된다.

이러한 법령들은 예산, 회계, 자금관리, 채무관리 등의 주요 재무기능에 대한 책임성 및 이를 담당할 기관을 규정한다. 정부기능을 점검하고 감시하는 역할을 담당할 별도의 조직 및 그 관할범위를 제시하기도 한다(이러한 역할은 일반적으로 감사원에서 담당하게 된다). 예를 들면 법령에서는 정부의 특정 사업 내지 특정 지방자치단체가 감사대상에 포함되는지 등의 여부를 명문화하게 된다. 또한 법령에서 지정하는 해당기관에 대해서는 보고책무를 의무화하고 있으며, 내・외부 감사상의 기능적 범주를 구체적으로 명시하고 있다. 이처럼 관계 법령들은 정부의 재무관리부문 및 국민에 대한 책임성의 범위를 명문화하는 기본 장치라 할 수 있다.

규칙의 표준화 및 명료화

재무관리시스템상의 정보들은 통합되어 각기 다른 이용자의 필요를 충족시키게 된다는 점을 염두에 둘 때, IFMS의 개발 및 관리, 업무활용을 위해서는 일정한 규칙 내지 표준화 작업이 선행되어야 한다고 할 수 있다. 이것이 전제되어야만 정부의 모든 부서를 가로지르는 IFMS의 활용 및 응용이 가능해지기 때문이다. 현재 전세계의 국제단체들은 시스템을 넘나드는 호환성을 확보하기 위해 국제회계표준(International Accounting Standards)을 개발 중에 있다.

단일계정

IFMS에서는 모든 거래행위 및 이에 관련된 자료의 이전이 단일계정 안에서 행해져야 한다. 이러한 계정은 보통 한 국가의 중앙은행에 설정되며, 국가의 모든 세입 또한 이 계정 안으로 통합된다. 기관별, 사업별로 사용되는 별도의 수많은 계정이 존재할 수도 있다. 하지만 IFMS에서는 이들 계정의 정보들을 그날그날 파악해 중앙계정으로 통합시킨다. 단일계정의 사용은 정부의 중앙재무부처로 하여금 전체 자금 및 재무현황 전반을 관리할 수 있도록 해준다.

6. 기타 고려사항

IFMS에 대한 분석시 다음의 사안들 역시 신중히 고려되어야 한다.

책임성의 집권화 및 분권화

대부분의 IFMS는, 그 총체적 운영 및 표준화 작업은 중앙차원에서 관리하며 기능수행은 분권화시킨다는 원리에 기반을 두고 있다. 이러한 중앙집권적 및 분권적 운영범위를 구체적으로 조율하는 데에는 여러 방식이 있을 수 있다. 재무관리상의 책임성을 부처의 장 내지 각 예산집행단위의 책임자에게로 분권화시키게 되면, 각자 부여받은 재무상의 책무를 보다 세부적으로 감시하고 관리할 수 있게 된다. 그러나 이러한 책임성의 이양은 보다 큰 책무를 부여받게 됨을 뜻한다. 한편 정부내의 모든 부처 및 기관들은 관련정책 및 절차들을 준수하며 업무를 수행함과 아울러 이에 대한 결과를 보고해야 할 의무를 지니게 된다.

과학기술

기술은 통합재무관리시스템이란 개념을 현실적으로 실현가능토록 만들어 왔다. 정보입력은 처리행위가 발생된 장소에서 이루어지며, 이 정보들은 예산평가상의 회계보고 사항들을 업데이트시키며 다양한 징보형태로 변환되어 활용된다. 이후 이러한 정보들은 부처별로 통합된 다음, 다시 총체적으로 통합되어 정부 지출의 전체 현황을 제시해주게 된다. 현재 가공할만한 컴퓨터 기술을 바탕으로, 각 부처에서 생산된 모든 정보들은 보통 재무부에 설치된 중앙데이터베이스로 통합되고 있다.

IFMS 내에는 하드웨어 및 소프트웨어상으로 통합성의 정도를 조절할 수 있는 다양한 방법이 마련되어 있다. IFMS는 독립된 단위로 운용될 수도 있으며, 데이터베이스를 통합할 수도 또한 분산화시켜 운용시킬 수도 있다.

업무처리의 집권화 및 분권화

종래의 재무관리시스템에서는 각 기관이 자금관리 내역 및 경비지출 내역을 중앙정부에 종이보고서 형태로 제출해야 하였다. 이러한 보고서상의 정보들은 자료의 업데이트를 위해 중앙컴퓨터에 입력된 다음, 중앙정부는 다시 중앙컴퓨터로부터 기관별 예산지출현황 및 가용자금현황을 종이에 출력하여 각 기관으로 발송하였다. 그러나 최근의 재무관리시스템에서는 각 기관이 직접 중앙시스템으로부터 각기 필요한 정보들을 얻을 수 있다. 물리적인 측면에서 말하자면, 데이터베이스는 중앙정부에 설치되어 관리되지만 각 기관은 이들 자료를 시공을 초월하여 접근할 수 있으며, 컴퓨터 화면을 통해 직접 각자의 처리행위들을 중앙시스템에 입력할 수 있다.

데이터베이스의 분산

컴퓨터 기술력을 바탕으로 중앙의 전산시스템은 각 부처별 데이터베이스와 연계되어 운영되고 있으며, 이는 보통 재무부에 의해 일괄 관리된다. 데이터베이스는 부처별로 구분되어 있기 때문에, 서로간의 간섭이나 충돌없이 중앙시스템에 접근, 활용할 수 있다. 하지만 중앙데이터베이스 관리시스템(Central Database Management System: DBMS)은 이들 모두 일관성있는 자료를 지닐 수 있도록 분산된 데이터베이스를 주기적으로 통합시켜주어야 한다.

이상의 사안을 염두에 둘 때 재무부는 각 기관의 자체적 필요에 맞는 시스템을 개발, 사용하도록 할 수 있다. 단 이러할 경우 재무부는 공통영역 내지 보고형태 등에 관련된 표준을 제시해야 한다. 이러한 표준화의 목적은 각 기관의 디스크 내지 기타 장치들에 수록된 정보들을 재무부가 운영하는 중앙시스템 내로 통합할 수 있게 하기 위함이다.

7. IFMS로부터 생산된 기록물

IFMS은 너무도 다양하기 때문에, 여기서 생산되는 기록물의 구체적 유형을 한정시키기는 곤란하다. 일반적으로 IFMS상의 레코드키핑 내역들은 종이기록물에 바탕을 둔 사항들과 크게 다를 바 없다. 제 아무리 전산화된 시스템이라 할지라도 어떠한 기록물이 필요하며 어디서 관리되어야 할지 등에 대한 근본 원리는 변하지 않기 때문이다.

일반적으로 전자기록물에 포함된 정보들은 종이기록물에 포함된 정보들과 크게 다를 바없다. 가령 전산상으로 활용되는 총계정원장은 '전통적인' 총계정원장과 형식상으로 매우유사하다. 차이점이 있다면 IFMS에서는 거래행위의 실상에 대한 정보들을 온라인상으로 얻게 된다는 점 정도이다. 다양한 이해당사자들이 최신의 정보들을 쉽게 얻을 수 있다는 사실은 투명성의 정도를 향상시켜 왔으며, 아울러 비리행위를 근절시키는 효과 또한 가져왔다고인정받고 있다.

IFMS상에서 레코드키핑을 시행하는 열쇄는, 시스템 설계시 반영시키려 했던 책무 내지책임성의 층위를 이해하는데 있다. 특정 행위에 대한 책무 및 책임성의 소재는 곧 레코드키핑상의 책무가 놓여지게 될 곳을 가리킨다. 재무관리 구조는 어떠한 책임성이 누구에게 이양되었는지를 나타내준다. 이양된 책임성의 수행 내역을 반영해주는 기록물은 이러한 행위가 발생된 곳에서 관리하는 것이 마땅하다 할 수 있다.

IFMS 자체 자료

IFMS의 기본 설계 및 구조, 관련표준, 정책, 절차, 운영방식 등에 대한 정보들은 IFMS 자체를 명확히 규명해 준다. 따라서 IFMS의 설계 및 제작과정 등을 상세히 밝혀주는 위와 관련된기록물은 반드시 보존해야 할 필요가 있다. 특히 재무상의 책무 내지 책임성의 소재에 관련된 기록물은 특정행위의 수행에 연관된 책임자의 범주를 밝혀준다는 점에서 상당한 중요성을 지닌다고 할 수 있다. 권한의 위임에 관한 기록물은 재무시스템의 운영상 필수적 요소라할 수 있지만, 이러한 기록물은 보통 시스템 자체 내에서는 찾을 수 없다.

시스템 제작상의 규칙 및 기획의도를 알려주는 기록물 역시 매우 중요하다 할 수 있다. 이러한 기록물에는 회계상의 표준 및 관련 정책, 수행절차 등에 대한 정보들이 포함되어있다. 시스템의 관리, 운용현황 및 기능적 측면들을 분석한 내부감사보고서는 5~7년 정도의보존기간을 책정하면 된다. 하지만 이러한 유형의 기록물 역시 재무시스템 자체 내에는 존재하지 않는다는 점을 명심해야 할 것이다.

시스템내의 기본 문서

시스템 운영상의 기초를 형성하는 기본적 통제기록물 역시 신중히 관리되어야 할 필요가 있다. 이들 가운데 핵심적인 것은 통일화된 계정과목 관련 기록이다. 각종 처리행위가 편입되어야 할 계정의 범주를 결정하는 이들 기록물은 시스템 운영상의 기초를 형성한다고 할 수 있다.

일정 형태의 보고서식은 시스템 자체적으로 생산할 수 있다. 의사결정의 기초자료로 활용되는 이러한 보고서식은 기록물로 간주해야 하며, 아울러 그 진위성을 보호할 수 있는 방식으로 관리되어야 한다. 통합시스템의 본질적 속성이기도 한, 자료가 끊임없이 새롭게 개정된다는 점을 고려해 볼 때, 전산시스템 상에서 위의 목적을 달성하기는 다소 난해할 수 있다. 따라서 이러한 서식들은 가끔씩 변형이 불가능한 '냉동 상태'로 유지시키거나, 부정한 조작이 개입할 수 없도록 기타 수단을 강구해야 할 것이다. 어떠한 보고서식을 이와같이 관리해야 하는가라는 문제는 감사담당자와 협의할 수도 있다. 공식적 업무루트에 따라 이관된 보고서식은 이러한 범주에 포함시켜도 좋을 듯싶다. 부처별 연간재무제표 및 감사후 감사담당자의 서명이 끝난 서식 등 일정양식을 지닌 모든 일람표 또한 이러한 범주에 편입시킬 필요가 있다.

처리행위에 대한 기초자료

IFMS상의 회계기능에서는 모든 처리행위를 등재시킴과 아울러 이를 범주화시킨다. 따라서 처리행위에 대한 기초정보를 찾아볼 수 있는 곳은 바로 여기라고 할 수 있다. 자료의 입력단계에서는 모든 처리행위의 실상을 파악할 수 있도록 일자, 금액, 성격 등 그 내역을 상세히 기재하는데 주안점을 두어야 한다. 이러한 입력작업은 보통 예산집행단위 수준에서 행해지며, 따라서 처리행위와 관련된 적정 기록물을 관리해야 할 책임은 바로 이곳에 부과된다고 할 수 있다.

개별 입력항목들을 시스템상의 총계와 균형을 맞추는 계수과정은 시스템 자체내에서 수행된다. 일반적으로 계수과정은 매일매일의 업무종료 내지 업무교대시, 또는 주말·월말 등 정해진 시기에 행해지며, 이를 통해 수많은 처리행위 정보들을 정리해 특정기간 동안의 재무활동에 대한 완벽한 실상을 제시해 주게 된다. 이러한 계수과정은 시스템을 통해 행해지며, 이에 대한 책임은 예산집행단위 내지 각 부처의 재무부서에 부여될 수도 또는 재무부가 담당할 수도 있다.

처리행위의 종합화는 원장, 분개장 및 재무제표를 생산하는 시스템 영역에서 수행된다. 이러한 기록물은 다양한 활동 내역을 지닌 개별적 처리행위들의 요약본이라 할 수 있다. 원장은 각 처리행위의 세부 내역을 요약해주며, 분개장에는 원장상의 변동추이가 기재된다. 재무제표는 원장 및 분개장의 요약본으로, 재무상의 행위들을 특정 항목 및 월별, 분기별 등 일정기간별로 구분하여 정리한 것이다. 시스템상의 책임성 내지 책무의 소재를 분석함으로써 레코드키핑상의 책임소재 파악이 가능할 수 있다. 이러한 책임은 예산집행단위에 부여될 수도 또한 부서 수준에 부여될 수도 있다.

어떠한 재무시스템이든, 레코드키핑상에서 주안점을 두어야 할 부분은 바로 자료의 입력단계라 할 수 있다. 거래행위의 실상을 알려주는 자료들은 거래행위 자체를 정확히 설명해주여야 한다. 이러한 원칙은 IFMS내로 자료를 입력하는 어떠한 단계에서도 유효하다.

감사증적(監査證迹)

본실적으로 감사증적은 시스템상에서 행해신 모든 처리행위들에 대한 언내기적 배열 그 이상도 이하도 아니다. 환언하면 시스템의 진위성을 밝혀주는데 핵심적인, 시스템이 생산한 전자기록이라 할 수 있다. 이것은 처리행위에 관한 기록물이 정확하면서도 완정성을 지님과 아울러 신빙성을 함유할 수 있도록 해준다. 감사증적에 사용될 처리행위의 경로를 재구축하는 데에는 상당량의 시간이 소요되지만 불가능한 것만은 아니다. 이러한 감사증적은 처리행위의 완료에 앞서 관련 행위에 대한 정보를 거스르며 그 내역을 추적할 수 있게 한다. 보다 정교하게 개발된 로깅(logging) 기술은 누가 언제 시스템에 접속하였으며 어떠한 자료가 이용되었는지, 또한 어떠한 자료가 추가되고 삭제 내지 수정되었는지를 기록해준다.

경과로깅(event logging)은 일반적인 컴퓨터 보호기술이다. 대규모 시스템의 경우 이러한 기록은 대용량의 파일로 생산된다. 이러한 자료는 일자별, 주별, 월별 등 시간단위로 쉽게 분류될 수 있으며, 백업 내지 영구보존시스템을 통한 보존 역시 간편하다. 보통 회기말 감사가 완료된 후에는 이러한 자료들을 더 이상 보관하지 않는다.

법률 및 감사상의 문제

하나의 IFMS는 그 자체적으로 하나의 레코드키핑시스템이라 할 수 있다. IFMS를 통해 생산된 기록물은 특정 조직의 공식적 업무로부터 야기된다는 특성상, 도서관의 서지자료 및 매뉴스크립트와 질적으로 달리한다는 기록학적 원리를 공유한다. 이들 기록물은 업무담당자들에 의해 공식적 절차에 따라 생산되며, 아울러 이러한 절차는 기록물의 완정성 및 정확성, 신빙성을 확보토록 하는 다양한 통제장치들을 통해 수행되게 된다. 여기서 지속적 보존내력(Custody)이라는 기록학적 원리는 중요한 의미를 지니게 된다. 왜냐하면 이러한 통제체제가 중단되지 않아왔음을 보증하는 것이기 때문이다. 전자기록의 세계에서는 이를 달성키 위해 사용되어 온 전통적 방식을 적용키 어렵다. 감사자 및 법률가는 재무기록의 완정성,

신빙성, 합법성 및 법적 증거력을 판단하는 전문집단이다. 기록관리자는 IFMS를 통해 생산된 재무기록이 정부 및 해당 사업, 나아가 국민의 필요에 충족될 수 있도록 이와 연관된 법률 및 감사상의 문제들을 파악해야 할 필요가 있다.

전자기록물의 법적 증거력을 인정한 전례는 좀처럼 찾아보기 힘들다. 전자기록물이 법적 증거자료로 채택될 경우 법원에서는 이들 기록물에 대한 진위성을 판단하기에 앞서, IT 관리환경상의 적절성에 대한 전문적 증거자료들을 우선적으로 심의해왔다. 만일 시스템내에 저장된 자료들의 신빙성 및 진위성에 대한 합당한 의구심을 해소할 수 있는 정도로 IT상의 관리조치가 행해지지 않았다면, 전자기록 내지 이미지 문서는 법적 증거로서 채택되지 않는다. 이러한 관리조치의 일부는 종이에 기록된다. 이를 고려할 때 전자기록물과 더불어 관리환경을 문서화한 종이기록물 역시 적절히 관리되어야 할 필요가 있다고 할 수 있다.

자료가 한번 입력되면 시스템 전반에서 활용된다는 IFMS가 지닌 통합적 속성을 감안할 때, 시스템 자체에 대한 관리조치는 매우 중요하다고 할 수 있다. 시스템내에서 축적, 통합, 이전된 정보들의 정확성 및 신뢰성을 입증할 수 있도록 하기 위해서는, 시스템 자체가 신뢰할 수 있고 아울러 정상적으로 가동되고 있다는 사실을 우선적으로 증명해야 한다. 이러한 사안을 입증하기 위해 사용되는 감사상의 통제장치로는,

- 접근통제(Access Controls) : 패스워드, 카드시스템, 개인비밀번호 등과 같은 확인인증 장치를 통한 컴퓨터시스템에 대한 접근통제
- 입·출력통제(Input and Output Controls) : 수발신된 정보의 정확성 및 안정성을 확보하는 통제
- 처리통제(Processing Controls) : 시스템을 통해 처리된 정보의 진위성을 보호하고 보증하는 통제
- 백업통제(Back-up Controls) : 컴퓨터파일 및 프로그램의 복사본을 생성시켜 보존함과 더불어, 시스템 다운시 전자기록물을 복원할 수 있도록 하는 통제

또한 감사자는 시스템을 사용하는 담당자들이 시스템을 제대로 이해하고 있는지의 여부 및 시스템이 효율적으로 운영되고 있는지를 확인해야 할 필요가 있다. 시스템 운영상의 기본적 사항들을 설명해주는 다음과 같은 기록물을 활용해야 함은 물론이다.

- 시스템을 구성하는 다양한 요소들의 기능
- 시스템 통제장치
- 자료의 입·출력 경로
- 파일 구성내역 및 통제수단

- 기록물의 내용, 생산맥락 및 구조
- 프로그램 체계
- 시스템 자체와 관련하여 행해진 추가, 삭제 및 수정 여부 등에 대한 감사증적 내지 자동기록장치
- 재난복구 절차

다음의 기록물은 감사자의 이해를 돕기 위해 활용될 필요가 있다.

- 누가 자료를 열람하고 변경했는지에 관한 접근통제 내역
- 섭근감시 절차
- 소포트웨어 및 하드웨어상의 모든 변화상 내지 업그레이드 여부
- 소포트웨어 내지 하드웨어상의 자료 이전
- 백업 절차 및 시스템 가동절차

요약

현재 IFMS는 전 세계적으로 확산되고 있는 추세이다. IFMS는 행정수행의 투명성 및 책임성을 제고시켜주는 정교한 컴퓨터시스템이라 할 수 있다. IFMS가 수행되는 방식은 여러 가지이지만, 다음의 기능들은 반드시 포함되어야 한다.

- 예산기능
- 회계기능
- 자금관리
- 채무관리

IFMS와 관련하여 기본적으로 고려되어야 할 주요 사안은 다음과 같다고 할 수 있다.

- IFMS상의 각종 표준 및 규칙은 중앙정부 차원에서 제정되는 한편, 이러한 시스템의 실제 운용은 정부 사업을 수행하는 곳으로 분권화된다.
- 처리행위에 관련된 정보는 실질적으로 수행되는 곳에서 한번만 입력되며, 이후 이러한 정보는 중앙시스템으로 통합·축적된다.
- 수행내역을 감시할 수 있는 완벽한 정보시스템을 기반으로, 책임성 내지 책무는 사업 및 활동별, 부서별로 분산되게 된다.

IFMS가 운영되는 방식은 각기 다양하기 때문에 어떠한 유형의 기록물이 유지되어야 할지 일반화시키기는 어렵다. 하지만 레코드키핑 책무를 완수하는데 일조할 수 있는 일반적인 원칙을 범주화하면 다음과 같다.

- 재무관리 구조에 따라 정해지는 책무 및 책임성 소재와, 기록관리상의 책무 및 책임성 소재는 서로 연동되어야 한다.
- IFMS의 설계 및 기능 등 그 자체의 구조에 관련된 기록물은 상당한 중요성을 지닌다.
- 하지만 이들 기록물 대부분은 IFMS 외부에 존재한다.
- 정책, 절차, 활용방식 등에 관련된 기록물 역시 중요성을 지닌다.
- 접근 및 입·출력, 처리, 백업 등의 통제에 관련된 사안은 감사 목적을 위해 필요하다.
- 시스템 자체 및 운영환경에 대한 기록생산은 시스템의 정상적 가동 여부를 진단하는데 필수적이다.

학습과제

1. IFMS상의 주요 이해당사자들은 누구인가?

2. 이러한 이해당사자들은 종이기록물과 전산기록물이 병존하는 전통적 환경하의 이해당사자들과 어떠한 차이를 지니는가?

3. IFMS 수행방식을 결정하는 주요 변수는 무엇인가?

4. 정부 재무관리상 IFMS가 가져다주는 주요 잇점은 무엇인가?

5. IFMS상의 전자기록물이 공공기록물 관리자에게 안겨주는 문제점은 무엇인가?

6. 대부분의 IFMS에서 찾아볼 수 있는 핵심적인 하위시스템들은 무엇인가?

7. 이외의 기타 하위시스템은 어떠한 것들을 들 수 있는가?

8. IFMS를 운영하는데 필요한 최소한의 전제조건들을 네 가지 열거해 보자.

9. IFMS상의 데이터관리에서 누릴 수 있는 주요 잇점은 무엇인가? 또한 이러한 잇점들은 왜 IFMS에서만 가능한가?

10. IFMS에 적용되어야 하는 다양한 통제내역들을 왜 이해해야 하는지 그 이유를 설명해 보자.

11. 정보의 정확성 및 신뢰성을 증명하는데 사용되는 네 가지 감사상의 통제내역들을 나열해 보도록 하자.

12. 시스템 운영상의 기초적 측면들을 파악하기 위해서는 어떠한 기록물들을 보존해야 하는가?

연습 : 조언

연습 10

본 연습은 자국의 상황을 검토함과 아울러 본 모듈상의 내용과 비교해보는데 도움을 줄 것이다. 이번 연습문제를 완료하면 본 과를 다시 한번 정독해보고 스스로의 답과 비교해 보도록 하자.

다음은 무엇을 할 것인가?

지금까지 본 모듈에서는 재무기록관리를 주제로 논의해왔다. 효용성을 창출하면서도 체계적인 재무관리의 수행을 위한 레코드키핑의 중요성을 강조하였으며, 재무기록관리에서 이해당사자들이 지니는 의미 및 그 역할에 대해 개관하였다. 또한 재무관리상의 기능 및 절차를 생산기록물과 관련지어 설명하였으며, 정보시스템 및 재무관리 기능을 통해 생산된 기록물에 대해서도 나름의 분석을 전개하였다. 본 모듈의 후반부에서는 종이기록물과 전자기록물이 병존하는 환경에서 재무기록을 관리하는 방안을 강구해 보았으며, 아울러 통합재무관리시스템에 내재된 주요 개념 및 원리들을 상세히 소개하였다.

1. 적용을 위한 우선순위 결정

본 모듈에서는 현용 및 준현용 상태의 공공분야 재무기록을 관리하는데 취해야 할 주요 과제들에 대해 논의해왔다. 그렇다면 향후 어떠한 사안을 최우선적으로 실무에 적용시켜야 할 것인가? 각 기관에서는 다음의 사항에 기초하여 나름의 결정을 내려야 할 것이다.

- 레코드키핑시스템의 현황
- 기록물 담당자의 업무자세 및 훈련도
- 관련 규정 및 법률적 틀의 적합성
- 재무기록관리 방면에 대한 정부의 중시도

마지막 사안은 특히 중요하다. 재무기록관리는 부수적인 업무가 아닌, 해당 조직의 최우선 순위를 부여받아야 할 부문이기 때문이다. 해당조직이 자체내의 재무기록을 보다 효율적으로 관리할 수 있도록 향후 개선 방안을 조언할 수도 있을 것이다. 아래의 연습문제를 완성한 후 여기서 제시한 논의들을 숙고해 보도록 하자.

> **[연습 11]**
>
> 본 모듈에 대한 지금까지의 학습에 기초하여, 소속기관의 재무기록관리시스템을 수립하거나 개선시키는데 필요한 나름의 우선순위들을 책정해 보도록 하자.

우선순위 1 : 현행 실태 파악

현행 시스템을 개선시키기 위해서는 현재의 기능 및 절차뿐만 아니라 업무자의 요구사항에 대한 철저한 파악이 전제되어야 한다. 현행 기록물 실태에 대한 심도있는 이해 또한 요구되며, 아울러 현 기록관리체제상의 장단점 역시 다음의 관점을 바탕으로 검증되어야 한다.

- 관련 규정 및 법률적 틀
- 기록전문가 집단의 조직구조 및 교육훈련 현황
- 각종 정책, 절차 및 지침
- 기록물 목록 및 처리일정표의 완정성
- 필수기록물(vital record) 및 재난복구 대책
- 기록물 보존
- 물리적 안전성 및 접근상의 안정성

현행 체제상의 문제점이 한 두 행정단위에서 집중적으로 발견되는지 아니면 전 영역에 걸쳐 광범위하게 나타나는지에 대한 파악 역시 우선적으로 행해져야 할 주요 사안 중의 하나이다. 전자의 경우에는 세부적 영역에 대한 집중적인 대책마련이 필요하며, 후자의 경우에는 기록관리체제가 운영되는 전체적 구조차원의 문제임을 의미하는 것임으로 전략적 대책마련이 가장 효율적인 방안이라 할 수 있다.

우선순위 2 : 정보의 유통구조 분석

기관 자체 내지 기관 상호간에 행해지는 정보의 유통구조를 분석하면 불필요한 중복기록물을 찾아낼 수 있다. 이러한 중복기록물은 단순히 필요치 않을 수도 또는 관련사안의 시효가 종료되었기 때문에 더 이상 필요치 않은 것들일 수도 있다. 한편 정보의 유통구조에 대한 분석은 레코드키핑시스템상의 경계구분 및 이와 관련된 주요 이해당사자들을 파악할 수 있게 해준다(4과 참조). 시스템상의 경계를 지나치게 협소하게 책정하면 이후 여러 가지 문제들을 양산시킬 수 있다는 점에서 위의 사안은 중요한 의미를 지닌다고 볼 수 있다. 본 모듈의

3과 및 4과에서는 재무관리시스템의 기능 및 절차와 더불어, 이에 수반되는 정보시스템, 관련기록물, 주요 이해당사자들을 확인·분석할 수 있도록 하였다. 이러한 분석결과는 단순한 흐름도 형태로 나타낼 수도 있고, 아니면 필요한 설명문구를 삽입한 보다 상세한 다이어그램으로 도식화할 수도 있다. 일반적으로 볼 때 전산화되지 않은 수기(手記) 체제에서는 이에 대한 상세한 분석이 그리 필요치 않다고 할 수 있다. 이는 전산시스템에 비해 볼 때 그 유통경로가 불명확하거나 변칙적으로 행해져도 그런대로 운영이 가능하기 때문이다. 본 시리즈상의 『업무시스템 분석』(Analysing Business Systems)은 이러한 분석을 위한 적정 방법론을 제시해 줄 것이다.

우선순위 3 : 이해당사자 및 조직의 정책목표 확인

이해당사자는 정책의 실제 시행여부 및 개선분야 그리고 대규모 전산화계획이 도입되어야 할 영역 등 제반 사항에 대한 가치있는 정보를 제공해준다. 재무관리는 역동적인 분야로, 우선순위 또한 시시각각으로 변화할 수 있다. 회계담당자 및 감사담당자 등과 같은 이해당사자는 직접 경험했거나 향후 개선될 필요가 있는 문제들에 대한 귀중한 정보를 제공할 수 있다. 예를 들면, 필요한 정보를 얻는데 상당량의 시간을 소비한 경험이 있는지, 또한 해당기록물에 대해 협의한 적이 있는지, 만일 그렇지 않다면 그 이유는 무엇인지 등에 대한 정보들이다. 이러한 범주의 질문들은 업무담당자들과의 실제 대면을 통해 보완될 필요가 있는 정보들을 얻을 수 있도록 해준다.

> 본 시리즈상의 『현용기록관리체제의 재구성』(Restructuring Current Records Systems) 중 「정보수집을 위한 방법론」 부분을 참조

실무 적용을 위한 계획수립에 앞서, 재무관리 부문에 대한 조직의 정책을 확인하는 작업 역시 중요한 의미를 지닌다. 이를 위해 재무관리 사안과 관련된 세부 정책문건뿐만 아니라 재무부의 계획문서 및 정책설명서 또한 활용할 수 있다. 특정 기관의 운영계획은 보통 특정 기관의 재무관리에 영향을 미치게 되며, 이는 결국 재무기록관리에도 일정한 영향을 미치게 됨을 뜻한다. 가령 특정 기관이 예산 및 회계관련 기능을 변화시킨다면 이는 곧 재무기록관리상에서도 일정한 변화가 수반됨을 의미하게 된다.

재무관리는 일찍부터 전산화가 진행된 영역이다. 많은 나라들에서는 종이에 기반을 둔 종전의 시스템을 전산시스템으로 변환시키고 있으며, 또한 분산적으로 운영되어 왔던 전산시스템의 경우에는 IFMS로의 통합화를 진행시키고 있다. 이러한 상황 속에서 기록관리자는

전자기록관리 서비스를 제공하는 등 위와 같은 과정을 뒷받침할 수 있는 위치에 있어야 할 것이다.

다양한 영역에서 활동하는 이해당사자들은 서로 상이한, 때로는 상호 대립될 수 있는 목표 및 우선순위를 지닐 수 있다는 점을 염두에 두어야 할 것이다. 만일 현재 전산화된 재무관리시스템을 운영중이거나 향후 도입할 예정이라면, 정보통신부는 서비스 제공자로서 뿐만 아니라 독립적 의제를 지닌 이해당사자로서 자리하게 된다는 점 또한 명심해야 한다.

우선순위 4 : 현행 레코드키핑시스템의 안정화

실제 업무를 통해 수집된 정보들은 재무기록관리상의 개선책이 강구되어야 할 최선의 지점을 결정할 수 있게 해야 한다. 전산시스템의 도입에 앞서, 가능한한 종이기록물을 관리하는 현행 시스템을 안정시켜야 한다는 점은 염두에 둘만한 사안이다.

정상적으로 운영되지 않는 기록관리체제가 지닌 가장 일반적인 문제 중의 하나는 일상적으로 활용되지 않는 서류, 출력자료, 파일 및 기타 문서들이 난잡한 상태로 방치된다는 점이다. 상황이 이쯤되면 재무관리자 및 감사자가 필요한 정보를 찾는 것은 거의 불가능하다 할 수 있다.

이러한 상황에서 선행되어야 할 최우선 과제는, 예정된 보존기간동안 사용되지 않아왔던 기록물들을 확인한 후 제거하는 일이다. 활용되지 않는 기록물을 저장공간 밖으로 이전시킨다면, 앞선 난잡한 상태는 다소 완화될 것이다. 만일 이들 기록물이 여전히 필요하다면 기관 자체 내지 보존기관에 자리한, 안전하면서도 경제적으로 운영되는 보존공간으로 이관시켜 체계적으로 관리해야 할 것이다.

> 본 시리즈상의 『자료관의 기록관리』(Managing Records in Record Centres)에서는 논리적이며 질서있게 기록물을 이관시키는 절차에 대해 설명해주고 있다.

전산화를 도입할 예정인 경우라면, 기록물의 정리과정은 생산과 동시에 실시되어 향후 전산시스템의 운영을 뒷받침할 수 있도록 해야 할 것이다.

일단 비현용기록물을 안전하게 보관시키고 나면, 현용기록물에 대한 지적 질서를 복원시키는 일은 한결 수월해진다. 이에 대해서는 본 시리즈상의 『현용기록관리체제의 재구성』(Restructuring Current Records Systems)을 참고하기 바란다.

우선순위 5 : 개선계획 수립

관련정보를 수집해 현행 시스템을 안정화시킨 후에는, 다음의 사항에 기초하여 시스템 개선을 위한 구체적인 계획을 수립할 필요가 있다.

- 현행 시스템의 장단점
- 시스템내 정보의 유통 양상
- 주요 이해당사자들이 생각하는, 제공되어야 할 서비스 내역
- 이해당사자들이 의도하는, 재무관리의 수행 목표 및 개선방향
- 기록관리 방면에 혁신적 파장을 가져다 줄, 재무관리정보시스템의 전산화 계획 여부

이러한 단계에서는 이해당사자 및 조직 전체의 목표를 지원할 수 있는 기술적 방안을 도입해 볼 수 있다. 비록 기술이 중요하다 할지라도, 이는 위의 계획상 맨 마지막 단계로 설정되어야 한다.

위와 같은 과정을 통해 시스템이 개선된다면, 다음의 관점에서 성공적인 효과를 거두었다고 할 수 있다.

- 시스템 실제 사용자들의 의견 반영
- 문제의 발생 지점 및 그 원인 파악
- 현행 시스템 개선을 통한 재무관리 방면에의 가시적 효과 유발

우선순위 6 : 보다 진전된 기록관리 풍토의 조성

기록관리상의 실질적인 개선책들이 단행되기에 앞서, 종이건 전자매체건 할 것 없이 모든 기록물은 해당 조직의 기록관리 영역에 포함된다는 기본 인식이 뿌리를 내려야 할 필요가 있다. 이는 이해당사자의 기존 권위를 침범하거나 기존의 재무지침 내지 회계업무편람상의 규정들을 무시할 수 있다는 뜻은 아니다. 이해당사자들에게 기록관리자의 역할을 이해시키고, 기록관리가 해당 조직에 안겨다 줄 혜택을 인식케 하는 데에는 상당한 시간이 소요될지도 모른다. 또한 기록관리가 종국적으로는 회계 및 감사업무를 원활하게 해 준다는 사실을 깨우치게 하는 데에도 어느 정도의 시간은 필요할 것이다.

기록관리상의 개선책을 성취하는 데에는 교육훈련이 필수적이다. 고위관리자는 이러한 사안을 염두에 둘 필요가 있다. 기록관리자는 재무·관리영역을 보다 철저히 파악할 수 있도록 끊임없이 연구해야 한다. 그리고 회계 실무진 차원에서는 기록물의 정리, 보관, 이관 및 향후 보존에 이르는 업무상의 기술들을 교육을 통해 연마해야 할 필요가 있다. 이를 위한

효율적인 방안은 자체 교육을 실시할 회계간부진내 교육담당자를 선발하여 기록관리의 원리 및 방법론을 교육시키는 것이다.

마지막으로 감사기관과의 유기적 협력관계는 기록관리를 업무상의 효용성 및 책임성을 창출을 위한 기본업무로 자리매김할 수 있도록 해줄 것이다. 감사자의 업무는 전적으로 기록물에 의존하며, 이들 역시 기록관리의 중요성을 이미 인식하고 있다. 기록관리가 제대로 수행되지 않아 재무관리시스템상의 효율성을 저해하는 기관에 대해 이들은 엄중히 지적할 필요가 있으며, 향후 입법기관에 제출될 감사결과보고서에 이러한 문제점들을 상세히 기재토록 해야 할 것이다.

2. 관련기관 및 사이트

많은 단체들, 특히 경제적으로 풍족치 않은 국가에 위치한 단체들의 경우에는 재무기록관련 연구를 위한 자료들을 접하기 어려울 지도 모른다. 하지만 협조를 구하거나 인터넷상으로 풍부한 관련정보들을 수집할 수 있는 곳이 적지 않다. 아래에서는 이러한 기관들의 명칭 및 주소 등 일반적 정보들을 소개토록 한다.

> *기록관리와 관련된 기타 단체 내지 협회 등에 대한 정보에 대해서는 본 시리즈상의 『기록관리 참고문헌』(The Additional Resources for Records and Archives Management)을 참조하기 바란다.*

국제단체

International Federation of Accountants(IFAC)

주소 : 535 Fifth Avenue 26th Floor New York, NY 10017, US

전화 : +1 212 286 9344

팩스 : +1 212 286 9570

이메일 : mariahermann@ifac.org

홈페이지 : http://www.ifac.org

IFAC는 회계분야에서 활발한 상호교류를 수행하는 전문단체로, 공공업무 및 사업, 산업, 회계교육 분야에 종사하는 회계사들을 대표하는 국가별 전문회계단체들의 범세계적 조직이다. 현재 200만 명 이상의 회계사들을 회원으로 확보하고 있는 IFAC는 회계영역을 더욱 더 전문적으로 발전시키기 위해 노력을 경주할 뿐만 아니라, 공익차원에서 양질의 회계서비스를 제공할 수 있도록 회계관련 국제표준 제정을 위해 매진하고 있다.

International Organisation of Supreme Audit Institutions(INTOSAI)

주소 : General Secretariat Austrian Court of Audit Dampfschiffstrasse 2 A-1033 Wien, Austria
전화 : +43　1　711　71-8350/8478
팩스 : +43　1　718　09　69
이메일 : intosai@rechnugshof.gv.at
홈페이지 : http://www.intosai.org

INTOSAI는 국제연합 및 그 산하기관에 가입된 국가들의 감사원(Supreme Audit Institutions : SAI)을 회원으로 하는 전세계적 전문단체이다. 감사원은 정부 회계 및 기타 업무에 대한 감사를 실시함과 아울러, 재무관리의 올바른 수행 및 정부의 책임성을 진작시키는데 중요한 역할을 담당한다. 그 나라의 국민 및 국제원조기구 등 국가 경영에 대한 기대치가 나날이 증가하는 상황에서, 정부의 공적 책임성을 제고시키는 감사원의 역할은 더욱 더 중요해지고 있다. 급변하는 정세 속에 전세계적 상호의존 관계가 심화되고 있는 오늘날의 상황에 직면하여, INTOSAI는 감사상의 실무 경험 및 정보를 공유토록 함으로써 그 회원국가들의 감사과업을 지원하고 있다.

지역별 분과조직은 다음과 같다.
- 아프리카권 : African Organisation of Supreme Audit Institutions(AFROSAI)
- 아랍권 : Arab Organisation of Supreme Audit Institutions(ARABOSAI)
- 아시아권 : Asian Organisation of Supreme Audit Institutions(ASOSAI)
- 카리브해권 : Caribbean Organisation of Supreme Audit Institutions(CAROSAI)
- 유럽권 : European Organisation of Supreme Audit Institutions(EUROSAI)
- 라틴아메리카권 : Organisation of Latin American and Caribbean Supreme Audit Institutions(OLACEFS)
- 남태평양권 : South Pacific Association of Supreme Audit Institutions(SPASAI)

Information Systems Audit and Control Association(ISACA)

주소 : 3701 Algonquin Road, Suite 1010 Rolling Meadows, Illinois 60008, US

전화 : +1 847 253 1545

팩스 : +1 847 253 1443

이메일 : chap.coord@isaca.org

홈페이지 : http://www.isaca.org

ISACA는 IT관리 및 통제, 보호 등에 관련된 사업을 담당하는 국제단체로, 세부적으로는 IT관련 연구, 표준화사업, 정보제공, 교육, 각종 인증사업 및 기타 이익대변 활동 등을 전개하고 있다. 또한 ISACA는 정보시스템 감사, 통제, 보호 등을 담당하는 전문가들에게 IT 자체에 관련된 문제들 뿐만 아니라, IT와 경영 및 이에 수반되는 위험요소 등에 연관된 문제들에 대해서도 그 방안을 강구할 수 있도록 돕고 있다.

지역별 분회로는 아프리카·유럽지부, 아시아지부, 북아메리카지부, 오세아니아지부 및 중남미아메리카지부 등이 활동 중에 있다.

International Consortium on Governmental Financial Management(ICGFM)

홈페이지 : http://www.financenet.gov/icgfm.htm

ICGFM은 정부 재무관리에 대한 보다 나은 이해증진을 목적으로 설립된 재무관리자, 회계사, 감사자 및 기타 경제인들의 범세계적 통신연계망이다. 현재 250,000명의 회원을 확보하고 있는 ICGFM은 정부 재무관리 영역에 관련된 유일의 전세계적 조직단체라 할 수 있다.

International Federation for Information and Documentation/ Archives and Records Management Special Interest Group(FID/ ARM)

주소 : FID Secretariat PO Box 90 402 2509 LK The Hague The Netherlands

전화 : +31 70 3140671

팩스 : +31 70 3140667

이메일 : fid@python.konbib.nl

홈페이지 : http://fid.cibuctt.ck:8000/cttes1.htm

FID/ARM은 FID의 활동영역 속에 포함된 사안들에 대한 인식의 폭을 확대시킴과 아울러 기록관리 전반, 특히 정보관리 정책 및 기술방안에 관련된 문제들을 공유하기 위해 설립되었다. 기록물의 매체유형에 관련된 주제 역시 활동 범주에 포함된다.

국가별 · 지역별 단체

Chartered Institute of Public Finance and Accountancy(CIPFA)

주소 : 3 Robert Street London WC2N 6BH United Kingdom

전화 : +44 20 7543 5600

팩스 : +44 20 7543 5700

홈페이지 : http://www.cipfa.sift.co.uk

CIPFA는 공공기관의 회계담당자들을 위한 전문교육을 제공한다. 아울러 공공분야에서 이슈화되고 있는 최근의 주요 사인들을 재무딤딩자들에게 저비용으로 제공해주는 부대서비스를 실시하고 있다.

The Institute of Chartered Accountants in England and Wales(ICAEW)

주소 : Chartered Accountants' Hall PO Box 433 Moorgate Place London EC2P 2BJ United Kingdom

전화 : +44 20 7920 8100

팩스 : +44 20 7920 0547

홈페이지 : http://www.icaew.co.uk

ICAEW는 유럽지역에서 가장 큰 규모의 전문회계단체로, 유명한 사업성과들을 통해 전세계적으로 그 활약상을 인정받고 있다. ICAEW 홈페이지상의 'Library of Information Services' 항목에서는 회계에 관련된 다양한 사이트들을 총망라해주고 있다.

The Chartered Institute of Management Accountants

주소 : 63 Portland Place London W1N 4AB United Kingdom

전화 : +44 20 7637 2311

팩스 : +44 20 7631 5309

홈페이지 : http://www.cima.org.uk

본 단체는 관리회계사의 양성 및 자격시험을 실시함과 더불어, 관리회계학의 개발 및 진흥을 목적으로 설립된 독립법인이다. 전세계적으로 명성을 얻고 있는 본 단체는 현재 12,000 명 이상의 전문가를 배출해 영국 이외의 120여 개국에서 활약시키고 있다. 본 단체가 추진하는 교육방식의 독창성은, 다양한 실제 관리영역과 유사한 업무상황 속에서 훈련시킴으로써 전문기술 및 실무경험을 얻을 수 있도록 하는데 있다고 할 수 있다.

The Canadian Institute of Chartered Accountants(CICA)

주소 : 277 Wellington Street West Toronto, ON M5V 3H2, Canada

홈페이지 : http://www.cica.ca

CICA는 현재 주 내지 지역별 공인회계사 단체들을 포함, 캐나다 및 버뮤다군도 일대의 60,000명에 달하는 전문회계사를 회원으로 확보하고 있다. CICA는 기업 및 비영리법인뿐만 아니라 정부기관에도 적용시킬 수 있는 회계 및 감사상의 표준을 수립하였다. CICA의 활동 영역으로는 운영 및 관리상의 표준안을 제시하고 전문적인 문헌자료들을 발행하고 있으며, 또한 지속적인 교육훈련 프로그램을 개발함과 아울러 소속 회원을 국내외적으로 대표하고 있다.

The Institute of Chartered Secretaries and Administrators

주소 : 16 Park Crescent London W1N 4AH United Kingdom

전화 : +44 20 7580 4741

팩스 : +44 20 7323 1132

홈페이지 : http://www.icsa.org.uk/icsa

본 단체는 공사를 막론한 다양한 영역의 비서 및 기업행정가들로 구성된 선도적 전문단체로, 현재 전세계에 걸친 46,000명의 정규회원 및 27,500명의 연구회원을 대표하는 전문포럼으로서 활동하고 있다. 본 단체의 사명은 전문행정의 진흥에 있다.

[연습 12]

각자의 소속기관에서는 이상에서 소개한 단체들에 대해 어떠한 정보를 지니고 있는지 확인해 보도록 하자. 또한 이러한 단체들이 발행하는 간행물을 구독하거나 이들이 주최하는 회의 내지 행사에 참여하고 있는지, 아니면 기타 다른 방면에서 교류를 행하고 있는지 알아 보자.

소속기관은 이상의 단체들중 어떠한 단체들과 우선적으로 교류해야 하며 이를 통해 무엇을 기대할 수 있는지, 아울러 생산적 관계를 형성하기 위해서는 어떻게 해야 하는지에 대해 각자의 견해를 피력해 보도록 하자.

---

3. 기타 자료

재무기록관리 학습에 도움이 될만한 관련 문헌자료들을 소개한다. 여기에 제시된 문헌자료들은 특히 소속기관의 자료실이나 도서관에 비치해 둘만한 가치가 있는 주요 연구성과들이다. 가급적 최근에 출간된 쉽게 구할 수 있는 문헌 위주로 선별하였으며, 필독 문헌자료에는 *로 표시해 놓았음을 밝힌다.

> 필독 문헌자료는 기록관리에 관련된 일반적인 참고문헌들을
> 제시한 본 시리즈성의 『기록관리 참고문헌』(The Additional
> Resources for Records and Archives Management) 에서도 확인할 수 있다.

ARMA Standards Committee : Filing Systems Task Force. *Alphabetic Filing Rules*(Second Edition), (ARMA, 1995).

ARMA Standards Committee : Filing Systems Task Force. *Filing Procedures - A Guideline*, (ARMA, 1989).

ARMA Standards Committee : Filing Systems Task Force. *Numeric Filing - A Guideline*, (ARMA, 1989).

ARMA Standards Committee : Filing Systems Task Force. *Subject Filing - A Guideline*, (ARMA, 1988).

Australian Taxation Office, *Taxation Ruling 96/7, Income Tax: Recordkeeping - Section 262A - General Principles*. (http://www.ato.gov.au)

Australian Taxation Office, *Taxation Ruling 97/21, Income Tax: Recordkeeping - Electronic Records*. (http://www.ato.gov.au)

Barrett, Pat, "The Challenge Facing Auditors in the Changing Public Sector Enviroment", Keynote address by, *Commonwealth Auditor General to the Information Systems Audit and Control Association*(Canberra Chapter), 26. 11. 1996.

* Bartel, Margaret, "Integrated Financial Management Systems : A Guide to Implementation", *LATPS Occasional Paper Series*, No. 19. 1996. 12. (http://www.worldbank.org)

Bennick, Dr Anne, *Active Filing for Paper Records*, (ARMA, 1989).

Cox, David, *Financial Accounting Tutorial*, Osborne Books, 1998.

Parry, Michael, "Integrated Financial Management", *Training Workshop on Government Budgeting in Developing Countries*, December 1997.

(http://mcgl.co.uk/I-ept-fm.htm중 'Technical Document' 항목 참조)

PREM Network, *Public Expenditure Handbook*, Washington, DC: The World Bank, 1998.

Wood, Frank, *Business Accounting* 1, 7th ed., London, UK: Pitman, 1996.

[연습 13]

    소속기관의 도서관이나 자료실에는 어떠한 자료들이 비치되어 있으며, 특히 재무기록관리 영역과 관련해서는 어떠한 자료들을 소장하고 있는지 조사해보자. 위에 제시된 참고문헌 중 어떤 것들을 소장하고 있는가? 소장자료들이 있다면 이들 중 2~3권을 골라 소속기관 내에서의 활용빈도 및 이용가치를 점검해 보도록 하자. 소장자료들이 전혀 없다면, 도서관에 비치해 둘 필요가 있다고 생각되는 위의 참고문헌들을 2~3권 선정해 보고, 아울러 이들의 복사본을 구할 수 있는 방안 또한 모색해 보도록 하자.

요약

제7과에서는 재무기록관리를 주제로 한 본 모듈의 전체적 내용을 다시 한번 간략히 살핀 다음, 재무기록관리의 개선 방안을 수립하는데 필요한 우선순위의 책정 방안에 대해 논의하였다. 이와 관련하여 본 과에서 제시한 방법은 다음과 같다.

- 우선순위 1 : 현행 실태의 파악
- 우선순위 2 : 정보의 유통구조 분석
- 우선순위 3 : 이해당시지 및 조직의 정책목표 확인
- 우선순위 4 : 현행 레코드키핑시스템의 안정화
- 우선순위 5 : 개선계획 수립
- 우선순위 6 : 보다 진전된 기록관리 풍토의 조성

본 과의 말미에서는 재무기록과 관련하여 보다 풍부한 정보를 얻을 수 있는 주요 단체들의 개황을 제시하였고, 더불어 재무기록관리에 대해 보다 심도있는 논의를 제공하는 참고문헌들을 수록하였다.

학습과제

1. 본 과에서 제시한 우선순위 사항들은 왜 그와 같은 순서가 매겨지게 되었는지 각자 나름대로 설명해보자.

2. 본 과의 말미에 제시된 단체들 중 우선적으로 검색해 보고 싶은 단체 두 개를 선정하고 그 이유를 설명토록 하자.

3. 마지막 부분에 수록된 문헌자료들 중 우선적으로 참고하고 싶은 두 개의 자료를 선택하고 그 이유를 밝히도록 하자.

연습 : 조언

연습 11

모든 기관의 재무기록관리는 각기 상이한 양상을 지닌다. 향후 수립될 우선순위 역시 각 기관을 비롯하여 해당 지역, 해당 국가 나름의 고유 상황에 부합하게 결정되어야 할 것이다.

연습 12

만일 참고할 수 있는 문헌자료의 양이 한정되어 있다면, 우선 국가 내지 지역별 단체들의 정보들을 축적·정리해 놓은 국제단체들을 이용하는 것도 훌륭한 방안이 될 수 있다. 이들 단체에는 재무기록과 관련된 상당량의 자료들을 축적해 놓았기 때문에 소속기관에 필요한 정보들을 쉽게 얻을 수 있을 것이다. 아울러 전문적 사안 내지 세부 주제에 연관된 정보의 수집에 앞서, 일반적 사안에 대한 정보들을 우선적으로 모으는 것이 좋을 것이다.

연습 13

위에서도 언급했지만, 소속기관 도서관에서의 자료 구입시 전문적 주제에 관련된 자료들로 성급히 채워놓기 보다는, 입문서 내지 개론서와 같은 일반적 내용의 자료들을 우선적으로 수집하는 것이 보다 합리적 방안일 것이다.

회계기록 처리일정표4)

은행계정 기록

유형	번호	상세내역	보존기간
수표 및 관련 기록	1	수표기입장/전표	2년
	2	무효수표	2년
	3	부도수표	2년
	4	신규발행수표	6년
	5	기지급/유통수표	6년
	6	수표지급정지 통지서	2년
	7	미지급수표 기입장	2년
	8	수표발행부	2년
	9	지급수표기록부	6년
은행예금	10	은행예금부/통장/전표	2년
	11	예금집계표, 일일거래총계표, 수표명세서	2년
	12	회수수표 기입장	2년
은행계정조정	13	계정조정전표	2년
	14	지급수표 일계표	2년
	15	미지급수표 기록	2년
예금거래명세	16	예금거래명세서	2년
	17	예금잔고증명서	2년
전자뱅킹 및 자금이체	18	현금거래서, 지급명령서, 예금·인출명세서	종이기록물과 동일한 방식으로 처리
	19	감사증적(監査證跡)	기초거래기록과 동일기간 보존

---

4) United Kingdom Public Record Office, *Retention Scheduling: Accounting Records* (London, UK: Public Record Office, 1998).

지출관련 기록

유형	번호	상세내역	보존기간
현금출납부/전표	1	지출전표	6년
	2	현금출납부/전표	6년
소액현금기록	3	소액현금기록/출납장/전표	2년
	4	소액현금수납부	2년
	5	우편환출납장/전표, 우편환계정/현금기록, 우편환시출기입부, 우편환지급기록, 우편환출납장/전표	2년
	6	현금출납집계표	2년
외상매입	7	외상매입내력기록, 목록/보고서	6년
명세서	8	미지급계정명세표, 미지급환어음	2년
	9	결산보고계정대조표 - 지급/미지급	2년
보조기록	10	집계표, 지출분석서	1년
	11	차입내역대장	2년
	12	대부내역대장	2년
증빙서	13	증빙서 - 지급청구, 구매발주서, 재화 및 용역요청서, 매입채무원장 등	6년
	14	임금/급여증빙서	6년
	15	증빙서	1년
	16	증빙기입장	2년
	17	증빙기입카드 및 지급카드	6년
	18	증빙서일람	1년
	19	증빙처리통지/일람, 인도내역	1년
원가계산기록	20	원가계산표	2년
	21	원가계산기록, 원가분석전표 등	2년

원장 기록

유형	번호	상세내역	보존기간
총계정원장 및 보조원장	1	(공식 재무제표 내지 정보간행 준비를 목적으로 생산되는)총계정원장 및보조원장	6년
	2	외상매입처원장	6년
	3	기타 원장(계약, 경비, 구매 등)	2년
관련 기록	4	감사서 - 원장 전기(傳記)	2년
분개장(分介帳)	5	분개장 - 부기(簿記)상의 거래 발생을 기재하는 원시기록	6년
	6	분개장 - 수순(手順) 정산	2년
시산표(試算表) 및 계정조정	7	연말대차대조표, 원장상의 대차대조 및 결산을 위한 계정조정 및 변동	6년

급여 및 관련기록

유형	번호	상세내역	보존기간
급여기록	1	피고용자 급여내역	6년
	2	급여등급원장	불필요시 폐기
	3	급여원장카드/문서	6년
	4	급여/임금지급내역서	2년

수입 및 조세관련 기록

유형	번호	상세내역	보존기간
대장/증서	1	수납장/수납증, 기관용수납증 - 출납, 금전등록, 과료 및 비용, 간행판매, 일반수납장/수납증/문서	6년
	2	일반송금장/문서	6년
	3	부과금수납장/문서 (인지세(印紙稅), 부가가치세 수납장 등)	6년
	4	특별송금장	2년
현금기입	5	장식(帳式) 일체	6년
	6	계정조정전표	6년
	7	감사명부	2년
	8	집계/분석문서	2년
	9	계수장/전표	2년
출납계기록, 조세기록	10	양도장	2년
	11	조세출납장/전표/문서, 수입출납장/전표	6년
	12	일일 조세분석서	1년
	13	주기별 조세분석서	1년
미지급기록 및 송장	14	부기상 차변항목으로 설정되는 송장/차변표 (지급/미지급송장, 송장등록부, 채무원장 등)	6년
	15	송장 및 차변표에 관련된 근거자료/문서	6년
채무 및 변제	16	송장 및 근거자료	2년
	17	회수불능 조세, 채무 및 과지급 관련 기록 (감가상각처리된 채무등록부, 변제등록부 등)	6년

보관 및 서비스관련 기록

유형	번호	상세내역	보존기간
보관기록	1	재고품대장/문서	6년
	2	인도명부	2년
	3	재고 · 보관관리카드/전표/문서	2년
	4	재고 · 보관발생등록부/문서	2년
	5	재고목록, 재고조정, 재고조사보고서, 재고조사전표/문서	2년
구매발주기록	6	구매발주대장/문서	6년
	7	수탁판매대장/문서	2년
	8	창고증권	2년
청구기록	9	청구서	2년

기타 회계 · 재무기록

유형	번호	상세내역	보존기간
자산등록	1	자산 · 설비등록부/문서	자산 또는 등록부상의 모든 항목이 삭제된 후 6년
감가상각등록	2	연간 감가상각액 환산에 관련된 기록	자산 또는 등록부상의 모든 항목이 삭제된 후 6년
재무제표	3	분기별 · 회기별 보고를 위해 작성되는 재무제표/집계표	6년
	4	일반관리를 위해 작성되는 기간별 재무제표	분기별 · 회기별 재무제표 완성시 폐기
	5	임시재무제표	1년

재무관련 용어집

　<부록 2>에서는 재무관리에 대한 학습에서 알아두어야 할 유용한 개념들을 정의해 놓았다. 여기에 제시된 용어들은 별도로 제작된 본 시리즈 전체용어집에는 수록되지 않은 것들임을 밝혀둔다.

Abstract of Accounts(회계요약)
　　연말 결산내역을 축약하는 정부 회계상의 개념

Accountant General(회계청장)
　　정부 회계공무원의 장

Accounting Officer(회계공무원)
　　공공자금의 수령 및 지급을 담당하는 공무원 일체

Advance(선급)
　　경비의 지출 내지 재화의 수령, 차입금의 상환 전에 행해지는 공공자금의 지급행위

Appropriation Account(이익처분계정)
　　1. 예산서상의 각 보조항목에 대한 초과·절감내역을 제시해주는 상세 수·지출표
　　2. 의회에서 승인된 예산항목과 실제 수·지출 항목을 기재해, 양 항목 사이의 실
　　　질적 차이를 제시해주는 연말 계정

Appropriation Law(예산배정법)
　　예상 지출 총액을 승인하고, 각 지출항목에 따라 배정시키는 법

Arrears of Revenue(체납세금)
　　납입기한 내에 징수되지 않은 세금

Assets(자산)
　　1. 현재 보유중이거나 향후 보유하게 될 재원

2. 화폐적 가치를 지닌 소유물 전체

Balance Sheet(대차대조표)
　자산 및 부채 일람표

Below the Line(특별회계)
　세입·세출과 관련되어 행해지는 거래행위와 별도로 발생된 항목으로, 세입·세
출 예상항목에 해당되지 않는 선급금, 전도금, 공탁금, 상환금 등이 포함된다고
볼 수 있다.

Capital Expenditure(자본지출)
　1. 건설사업, 도로, 기계, 공장 등에 투자되는, 1년 이상의 장기적 활용성을 지닌
　　비순환성 지출
　2. 신규 건설, 토지, 건물의 개보수 및 기타 고정자산(기계, 공장, 자동차 등)에 대한
　　지출로, 1년 이상의 장기적 활용성을 지닌다. 또한 자본양도, 주식 및 임대 등을
　　위한 지출 역시 이에 포함된다.

Cash Book(현금출납부)
　현금/수표의 수·지출 내역을 관리하는 장부

Contract(계약)
　사업수행 내지 재화공급 등에 관련된 쌍방간의 법적 동의관계

Counterfoil Receipts(부본 영수증)
　영수증철로부터 원본 영수증과 함께 발행되는 일련번호를 지닌 보조 영수증

Department Vote Book(부문별결재부)
　특정 비용항목상의 비지출잔액을 표기하는 장부

Draft Estimates(예산안)
　의회에서 최종 승인되기 전까지의 예산서

Establishment(편제)
　예산서에 승인된 다양한 등급의 관직 수

Financial Year(재무년도)

조직의 회계년도로서 채택된 12개월간의 기간

General Warrant(지불명령서)

회계책임자로 하여금 예산서상의 지급내역을 이행토록 강제하는, 의회에 의해 발급된 증서

Grant in Aid(보조금)

재무년도내 총액상의 미지출잔액을 연계자금으로 전환시킬 수 없는 조직에 대해 의결된 자금을 양도하는 행위

Integrated Financial Management System(통합재무관리시스템)

예산편성부터 결산에 이르는 재무관리의 전과정을 컴퓨터를 통해 운용하는 재무관리체계

Imprest(선급금)

공무의 댓가로 지급을 요청하는 공무원에 대한 현금의 선지급

Imprest Warrant(선급지급명령서)

특정 공무원에 대한 선급금 지급을 허가하는, 승인기관에 의해 발급된 지급명령서

Inventory(재고목록)

물품 내역을 정리한 명세서

Ledger(원장)

개인/조직이 활용하는 다양한 계정들을 수록한 장부 내지 컴퓨터 기록

Ordinance(법령)

법

Other Charges(기타경비)

지출예산서상의 비용항목 속에 배정할 수 없는 모든 항목

Outturn(산출액)

재무년도 내의 실제 지출액

Personal Emoluments(인적 경비)

봉급, 수당 등의 모든 급여

Public Debt(공공부채)

대출자에게 아직 상환치 않은 정부의 모든 채무

Public Money(공공자금)

정부가 보유하고 있는 일체의 자금

Public Works(공공사업)

정부 자금으로 수행되는 모든 유형의 사업

Receipt Voucher(수납증빙서)

공공자금으로 지급된 사실을 증명하는 증빙서

Reconciliation(계정조정)

상이한 두 자료의 계정 내역을 일치시키는 작업

Self Accounting Department(자기회계기관)

공공자금의 수령 및 관리, 배분 권한을 회계책임자로부터 위임받은 기관

Sinking Fund(감채기금)

채무의 상환 내지 자산의 회복을 위해 설정된 자금

Sub Head(보조항목)

수입 및 지출항목상의 세부 구분

Special Warrant(특별지불명령서)

예산서에 상정되어 있지 않은 지급내역을 승인하는, 의회에서 발급된 지불명령서

Suspense Account(미결산계정)

미결 처분된 항목을 보유하고 있는 특별회계 계정

Tender(입찰)

재화 및 용역에 대한 표시가 공급신청

Tender Board(입찰위원회)

제출된 입찰내역을 검토, 결정하는 위원회

Treasury(재무성)

정부의 중앙 회계기관 내지 회계책임기관

Trial Balance(시산표)

원장 전기(轉記)의 정확성을 담보하기 위해 작성되는 원장상의 회계표

Virement(대체)

특정 보조항목상의 절감분을 다른 보조항목상의 초과분에 전용시키는 행위

Vote(결재)

1. 특정 사안에 대한 개별적 평가
2. 특정 사안에 대한 지출 승인

Write Off(결손처분)

손비 처리 행위

색 인 | Managing Financial Records | index |

ㄱ~ㄷ

『재무기록물관리』

책임집필

피어스 케인(Piers Cain), 돈 브리츠(Don Brech)

피어스 케인은 국제기록관리재단(International Records Management Trust) 산하 연구교육개발위원회의 위원장으로, 협회의 연구기획 및 연구프로젝트 책임과 함께 교육사업을 총괄하고 있다. 그는 로이터사 및 국제통화기금, 유럽부흥개발은행에 근무하는 등 폭넓은 실무경험을 지니고 있으며, 최근에는 선진국 및 개발도상국에서의 '정보혁명'이 가져온 영향에 대해 깊은 연구적 관심을 보이고 있다.

돈 브리츠는 현재 홍콩 국제기록관리주식회사의 상임고문으로, 기록관리 분야에서 30년이 넘는 실무경험을 지니고 있으며 호주·영국·홍콩의 정부기관 및 문화단체 등에서 고위전문직을 역임한 바 있다. 지난 1994년에는 컨설턴트회사를 설립, 아시아, 아프리카 및 유럽지역을 상대로 기록관리 전략 및 시스템 설계, 교육훈련 등의 사업을 전개해왔다. 영국 태생으로 캠브리지대학교를 졸업한 후 1965년 호주로 이주, 1966년 현 호주 국립기록보존소의 전신인 연방기록국에 준아키비스트로 임용되었다. 그는 Royal Air Force Museum 및 Riverina College of Advanced Education, Northern Territory Archives Service의 설립을 주도했으며, 1989년에는 홍콩 정부기록보존소의 초대 소장직을 역임하였다.

집필
Kimberly Barata
Barbara Reed
John Walford

감수
Pino Akotia, University of Legon, 가나공화국
Ray Bennett, (전)National Audit Office, 영국
Ron Denault, Condar Consulting, 캐나다
Peter Mazikana, ARA-Techtop Consulting, (전)National Archives, 짐바브웨
Robert Meagher, Condar Consulting, 캐나다
Vincent Spring, (전)Accountant General's Department, 가나공화국

검증기관
University of Botswana

재무기록물관리

옮긴이 김 명 훈
감 수 한국국가기록연구원
펴낸이 조 영 재
펴낸곳 도서출판 진리탐구

초판 1쇄 인쇄 2003년 11월 28일
초판 1쇄 발행 2003년 12월 3일

주소 서울시 마포구 용강동 494-53 (121-876)
전화번호 02) 703-6943, 4
전송번호 02) 701-9352

출판등록일 1993년 11월 17일
출판등록번호 제 10-898호

ISBN 89-8485-076-4

※ 잘못된 책은 바꿔드립니다. 가격은 표지에 있습니다.